FRANCISCO INIESTA PÉREZ

EVALUACIÓN DE LA EDUCACIÓN FÍSICA
1º Y 2º CURSO DE EDUCACIÓN PRIMARIA

©Copyright: Francisco Iniesta Pérez

©Copyright: De la presente Edición, Año 2018 WANCEULEN EDITORIAL

Título: EVALUACIÓN DE LA EDUCACIÓN FÍSICA. 1º Y 2º CURSO DE EDUCACIÓN PRIMARIA

Autor: FRANCISCO INIESTA PÉREZ

Editorial: WANCEULEN EDITORIAL
Sello Editorial: WANCEULEN EDITORIAL DEPORTIVA

ISBN (Papel): 978-84-9993-950-6
ISBN (Ebook): 978-84-9993-951-3

DEPÓSITO LEGAL: SE 2350-2018

Impreso en España. 2018

WANCEULEN S.L.
C/ Cristo del Desamparo y Abandono, 56 - 41006 Sevilla
Dirección web: www.wanceuleneditorial.com y www.wanceulen.com
Email: info@wanceuleneditorial.com

Reservados todos los derechos. Queda prohibido reproducir, almacenar en sistemas de recuperación de la información y transmitir parte alguna de esta publicación, cualquiera que sea el medio empleado (electrónico, mecánico, fotocopia, impresión, grabación, etc), sin el permiso de los titulares de los derechos de propiedad intelectual. Cualquier forma de reproducción, distribución, comunicación pública o transformación de esta obra solo puede ser realizada con la autorización de sus titulares, salvo excepción prevista por la ley. Diríjase a CEDRO (Centro Español de Derechos Reprográficos, www.cedro.org) si necesita fotocopiar o escanear algún fragmento de esta obra.

ÍNDICE

1. INTRODUCCIÓN 9
2. EVALUACIÓN DE LA E.F. EN LA EDUCACIÓN PRIMARIA 11
   - 2.1. CONCEPTO, EVOLUCIÓN Y REFERENTES LEGISLATIVOS 11
   - 2.2. PRINCIPIOS Y CARACTERÍSTICAS DE LA EVALUACIÓN EN E.F. 11
   - 2.3. FUNCIONES DE LA EVALUACIÓN 12
   - 2.4. TIPOS DE EVALUACIÓN 13
     - 2.4.1. SEGÚN LA INFLUENCIA DEL EVALUADOR 13
     - 2.4.2. SEGÚN SISTEMATIZACIÓN Y REGULACIÓN 13
     - 2.4.3. SEGÚN LA REFERENCIA 14
     - 2.4.4. SEGÚN EL ÁMBITO DE APLICACIÓN 14
     - 2.4.5. SEGÚN LA PARTICIPACIÓN DEL ALUMNO/A 15
3. INSTRUMENTOS DE EVALUACIÓN 17
4. COMPETENCIAS CLAVE 21
5. CRITERIOS DE EVALUACIÓN Y ESTÁNDARES DE APRENDIZAJE EVALUABLES 23
6. EDUCACIÓN FÍSICA EN 1º DE EDUCACIÓN PRIMARIA 25
   - 6.1. TEMPORALIZACIÓN ANUAL DE UNIDADES DIDÁCTICAS 25
   - 6.2. DISTRIBUCIÓN DE ESTÁNDARES DE APRENDIZAJE POR UNIDAD DIDÁCTICA 26
   - 6.3. DESARROLLO DE LAS 12 UNIDADES DIDÁCTICAS 31
   - 6.4. RÚBRICAS 57
7. EDUCACIÓN FÍSICA EN 2º DE EDUCACIÓN PRIMARIA 63
   - 7.1. TEMPORALIZACIÓN ANUAL DE UNIDADES DIDÁCTICAS 63
   - 7.2. DISTRIBUCIÓN DE ESTÁNDARES DE APRENDIZAJE POR UNIDAD DIDÁCTICA 63
   - 7.3. DESARROLLO DE LAS 12 UNIDADES DIDÁCTICAS 71
   - 7.4. RÚBRICAS 98
8. EVALUACIÓN DEL PROCESO DE ENSEÑANZA-APRENDIZAJE 105

BIBLIOGRAFÍA 111

PRESENTACIÓN

Este libro surge de un trabajo exhaustivo elaborado y desarrollado durante mi año de maestro como funcionario en prácticas, curso 2016/2017. Durante este periodo me encontré bajo la supervisión del Servicio de Inspección Educativa, el cual me orientó y guió para obtener un desarrollo profesional adecuado para mis futuros años en la docencia.

Parte del trabajo desarrollado durante aquel curso ha sido revisado y mejorado, quedando plasmado parte de él en esta obra.

Aquí se muestra cómo es posible llevar a cabo la evaluación de la Educación Física en la Educación Primaria en Castilla-La Mancha en el tan complejo ámbito propuesto y promovido por la nueva *Ley Educativa para la Mejora de la Calidad Educativa (LOMCE)* basado en estándares de aprendizaje evaluables.

En este libro se realiza la revisión de los cursos 1º y 2º de Educación Primaria, mientras que el análisis del resto de cursos (desde 3º a 6º) espero que puedan ser publicados próximamente para el uso y disfrute de todos los profesionales de la Educación Física que desarrollamos nuestra labor educativa en la Comunidad Autónoma de Castilla-La Mancha.

1. INTRODUCCIÓN

La concepción tradicional de la evaluación se encuentra estrechamente ligada con términos como "examen" o "control". Pero evaluar, tanto en Educación Física como en el resto de áreas, es algo más, evaluar consiste en **"atribuir un valor, un juicio, sobre algo o alguien",** es una actividad que suele comportar acciones como recoger información, emitir un juicio a partir de una comparación y tomar una decisión.

El **nacimiento de la evaluación** se puede situar a principios del siglo XX y estaría relacionado con el concepto de medición del rendimiento. Se considera a **J.M. Rice** su precursor más relevante, aunque es con **Thorndike** donde el término alcanza su plena vigencia.

Según nuestro currículo actual, establecido por el **R.D. 126/2014** a nivel nacional y el **D.54/2014** en la comunidad de Castilla-La Mancha, el alumno aprende gracias a la ayuda que le proporciona el maestro y el sistema educativo en general, siendo el constructor de su propio aprendizaje. Así, la evaluación, se establece como una de las herramientas que el docente posee para acceder de manera continuada y adecuada a este importante proceso de construcción.

La **evaluación es parte constitutiva del sistema de autorregulación del proceso educativo,** los elementos educativos no son posibles sin evaluación. Por ello, creemos necesario insistir en la gran importancia que la evaluación tiene dentro del proceso de enseñanza-aprendizaje.

Con la llegada de la nueva ley educativa LOMCE (Ley Orgánica 8/2013, de 9 de diciembre, para la mejora de la calidad educativa), la cual no deroga sino que complementa a su predecesora LOE (Ley Orgánica 2/2006 de 3 de mayo, de Educación), la evaluación de nuestro alumnado pasa a centrarse en dos aspectos fundamentales: la evaluación de las competencias clave y la utilización de los estándares de aprendizaje evaluables para llevar a cabo dicha evaluación.

La evaluación en Primaria viene recogida en los siguientes documentos:

El **R.D. 126/2014** en su *artículo 12* afirma que la evaluación de los procesos de aprendizaje del alumnado será continua y global. En él establece que *"Los referentes para la comprobación del grado de* *adquisición de las competencias y el logro de los objetivos de la etapa en las evaluaciones continua y final serán los* **criterios de evaluación y estándares de aprendizaje evaluables**".

La **Orden 5/08/2014**, por la que se *regulan la organización y la evaluación en la Educación Primaria en Castilla-La Mancha* dedica el **Capítulo III** a la Evaluación y en sus **artículos 12 al 18** concreta aspectos ya mencionados en el RD 126/14, como su carácter continuo y global, establece como referentes evaluativos los criterios de evaluación y los estándares de aprendizaje evaluables, nombra como responsables de la evaluación al equipo docente, etc.

Por otro lado, la **Resolución 11/03/2015**, concreta la categorización, la ponderación y la asociación con las competencias clave, por áreas de conocimiento y cursos, de los estándares de aprendizaje evaluables, publicados en el Decreto 54/2014 para Castilla-La Mancha.

En este sentido, a lo largo de este libro trataremos de explicar los conceptos más importantes relacionados con el ámbito evaluativo en educación y nos centraremos en la distribución y evaluación de los estándares de aprendizaje evaluables del área de Educación Física a lo largo de todo un curso escolar para un nivel concreto, en esta ocasión para 1º de Educación Primaria.

2. EVALUACIÓN DE LA E.F. EN EDUCACIÓN PRIMARIA

2.1. CONCEPTO

No existe acuerdo entre los diferentes autores sobre el concepto de evaluación, fundamentalmente debido a la gran variedad de paradigmas en los que se sitúan. Por este motivo, existen multitud de definiciones de evaluación.

No existe acuerdo entre los diferentes autores sobre el concepto de evaluación, fundamentalmente debido a la gran variedad de paradigmas en los que se sitúan. Por este motivo, existen multitud de definiciones de evaluación.

Según **Lafourcade,** la **evaluación** es la *"etapa del proceso educativo que tiene por fin comprobar, de modo sistemático, en qué medida se han logrado los resultados previstos con los objetivos especificados con antelación".*

En ocasiones se puede confundir con el término "**medición**", que no es más que un proceso de cuantificación de logros y rendimientos sobre un aspecto concreto. Esta nueva concepción de la evaluación es fruto de una evolución marcada fundamentalmente por la legislación vigente existente en cada etapa educativa.

2.2. PRINCIPIOS Y CARACTERÍSTICAS DE LA EVALUACIÓN EN E.F.

Blázquez (1990) habla de cuatro **principios o requisitos** que debe cumplir la evaluación para que ésta sea eficaz:

- Debe ser una actividad sistemática.
- Ha de estar integrada en el proceso educativo.
- Ha de tener en cuenta las diferencias individuales
- Se han de utilizar distintos medios de evaluación

Por otro lado, a la hora de planificar la evaluación en E.F. debemos tener en cuenta una serie de **peculiaridades o características:**

- Ausencia de un contenido estable, definido y uniforme que de solidez a nuestra materia.

- Su carácter funcionalista.
- Las condiciones en que se desarrolla (tiempo disponible, imposibilidad de evaluar masivamente, etc.)
- El carácter lúdico.
- Carácter práctico.
- Carácter visible y poco convencional, no es un área convencional de aula.

Por ello, debemos ser realistas y elegir los **recursos e instrumentos de evaluación** que menos alteren la normalidad docente (economía, facilidad de aplicación, calidad de datos, etc.).

2.3. FUNCIONES DE LA EVALUACIÓN EN EL ÁREA DE E.F.

La finalidad o función de la evaluación es **"ayudar o mejorar el proceso de enseñanza"**. En E.F. nos proporcionará las finalidades que a continuación se mencionan:

- **Conocer el rendimiento de los alumnos:** Tradicionalmente era la única finalidad. Permite al alumno conocer su nivel y asumirlo como parte de su identidad personal.

- **Diagnosticar:** Es el primer momento de la evaluación y determina el nivel inicial del alumno. En E.F. el diagnóstico comprende **tres modalidades:**
  - El **diagnóstico genérico:** Se realiza al inicio de curso y, según **Sánchez Bañuelos,** se valoran sus características somáticas, su condición física, su nivel de ejecución y sus intereses.
  - El **diagnóstico específico:** Es el elaborado andes de cada unidad didáctica.
  - El **diagnóstico de los puntos débiles de los alumnos.**

- **Valorar la eficacia del sistema de enseñanza:** Se debe evaluar los objetivos, las situaciones didácticas y la fase práctica o realización

- **Pronosticar las posibilidades del alumno/a:** El profesor tiene la misión de orientar y aconsejar la elección de actividades optativas que se ajusten a los rasgos y características de cada individuo.

- **Motivar e incentivar a los alumnos:** Ser informado de sus fallos y de sus éxitos constituye un estímulo para el alumno.

- **Agrupar o clasificar:** La evaluación nos dará información sobre las capacidades, rendimiento e intereses, lo que nos permite crear grupos según un criterio de homogeneidad atendiendo a alguna característica concreta.

- **Calificar a los alumnos:** Sirve para ofrecer información a padres y a alumnos sobre el desarrollo de la formación.

- **Obtener datos para la investigación:** Con estos datos se pueden crear cuadros o tablas que pueden servir para mejorar la enseñanza. Por ejemplo, las "evaluaciones de diagnóstico".

2.4. TIPOS DE EVALUACIÓN

La evaluación se puede clasificar según diferentes criterios. A continuación, veremos cada uno de ellos:

2.4.1. SEGÚN LA INFLUENCIA DEL EVALUADOR

- **Evaluación objetiva:** Se realiza a través de pruebas cuantificables donde el maestro no puede alterar los resultados. El alumno tiene conciencia de ser examinado

- **Evaluación subjetiva:** Depende prioritariamente del juicio del profesor. Utiliza procedimientos que se basan en la observación de la conducta. El alumno tiene no conciencia de ser examinado.

2.4.2 SEGÚN SISTEMATIZACIÓN Y REGULACIÓN

La evaluación continua surge de la consideración de la educación como un proceso de perfeccionamiento y optimización.

Debido a que durante el proceso surgen errores, la evaluación continua servirá para corregir dichos errores. Los principales medios serán la observación del profesor y la valoración de las actividades que el alumno desarrolla.

La **Orden de 05/08/2014** en su **artículo 12** cita que *"la evaluación será continua y global, y tendrá carácter, formativo y orientador, en cuanto que proporciona una información constante, que permite mejorar los procesos de e-a y sus resultados"*.

Esta evaluación continua se divide en: inicial, formativa o progresiva, y sumativa o final.

- **Evaluación inicial:** Los datos que se tomen en esta evaluación nos servirán para determinar los objetivos, adecuar la programación y esbozar las líneas metodológicas que se van a seguir.

- **Evaluación formativa o progresiva:** Constituye la base fundamental del proceso de evaluación. Determina el grado en que se van consiguiendo los objetivos del proceso educativo. Se apoya en la observación que el profesor lleva a cabo sobre el comportamiento del alumno y en el análisis del trabajo escolar.

- **Evaluación sumativa o final:** Constituye una síntesis de los resultados de la evaluación progresiva, teniendo en cuenta la evaluación inicial y los objetivos previstos. Se realiza al final de una unidad de enseñanza-aprendizaje.

2.4.3 SEGÚN LA REFERENCIA

- **Evaluación normativa:** Corresponde a la intención de comparar el resultado de un individuo con los resultados de una población o de un grupo al que pertenece.

Los instrumentos más utilizados son los **tests:** sirven para asignar un lugar de orden en el grupo, certificar un nivel conseguido y predecir futuros resultados.

- **Evaluación criterial:** El resultado obtenido por el individuo se compara con otros resultados realizados por él mismo. En este caso, el profesor tendrá en cuenta el progreso y la participación del alumno.

La función de este tipo de evaluación será: hacer balance con respecto a los objetivos, diagnosticar las dificultades y determinar si la estrategia ha sido la adecuada.

2.4.4 SEGÚN EL ÁMBITO DE APLICACIÓN

- **Evaluación externa:** La realizan las Administraciones a través de las inspecciones educativas. Esta evaluación es exterior al acto pedagógico y su misión es evaluar la infraestructura docente y su adecuación a las exigencias sociales.

- **Evaluación interna:** Es ejercida directamente por el profesor y está vinculada a las diferentes fases o funciones de la evaluación (inicial, formativa, sumativa).

2.4.5 SEGÚN LA PARTICIPACIÓN DEL ALUMNO/A

- **Heteroevaluación:** La evaluación es realizada por el profesor y por todas las personas que mantienen relación con el alumno.

- **Autoevaluación:** Es una función que debe asumir el propio alumno. Es una participación responsable del alumno que constituye un reflejo de su nivel de participación en el conjunto total de componentes del proceso didáctico.

- **Evaluación recíproca o co-evaluación:** El alumno evalúa a un compañero y es evaluado por éste. En este sentido, la **Orden ECD/65/2015** en su **artículo 7** sobre la evaluación de las competencias clave destaca en el **apartado 6**: *"Es necesario incorporar estrategias que permitan la participación del alumnado en la evaluación de sus logros, como la **autoevaluación, la evaluación entre iguales o la coevaluación.**"*

- **Evaluación del profesorado y del proceso:** El alumno puede intervenir en la evaluación del profesor, del proceso didáctico, de las condiciones en que se desarrolla la enseñanza...

3. INSTRUMENTOS DE EVALUACIÓN

Para llevar a cabo la evaluación se deben utilizar diferentes mecanismos e instrumentos. Según la **Orden ECD/65/2015 en su art.7 apartado 6**, *"el profesorado debe utilizar procedimientos de evaluación variados para facilitar la evaluación del alumnado"*.

En E.F., siguiendo a autores como **Blázquez**, entre otros, es su libro *"Enseñar por competencias en Educación Física"*, se analizan diversos procedimientos evaluativos, destacando que todos ellos deben cumplir la función de la **comprobación de los diferentes estándares de aprendizaje evaluables**.

Para analizar los diferentes instrumentos de evaluación seguiremos la *"Guía Básica de Formación "Primeros pasos para la integración curricular de las competencias clave en los centros educativos"* de **Federico Ferrer y Ricardo Montañana**.

Según esta guía "se planificarán **instrumentos** adecuados para conocer de una manera real lo que el alumno sabe y lo que no sabe respecto a cada uno de los **estándares de aprendizaje** y poder valorar el nivel de logro alcanzado por el alumno:

A continuación, se analizan los diferentes instrumentos de evaluación, para ellos los dividiremos en SEIS BLOQUES:

BLOQUE A. TÉCNICAS DE OBSERVACIÓN: Su objetivo es **conocer el comportamiento natural de los alumnos en situaciones espontáneas,** que pueden ser controladas o no. Se utiliza sobre todo para evaluar *procedimientos y actitudes*, fácilmente observables. En la observación se agrupan diferentes técnicas:

- **A1. REGISTRO ANECDÓTICO:** Se utilizan fichas para observar acontecimientos no previsibles, se recogen los hechos más sobresalientes del desarrollo de una acción. Se describen acciones, sin interpretaciones.
- **A2. LISTAS DE CONTROL:** Contienen una serie de rasgos a observar, ante los que el profesor señala su presencia/ausencia en el desarrollo de una actividad o tarea.
- **A3. ESCALAS DE OBSERVACIÓN:** Listado de rasgos en los que se anota la presencia/ausencia, y se gradúa el nivel de consecución del aspecto

observado. Las **rúbricas** son ejemplo de escalas de observación, las cuales evalúan el nivel de logro conseguido en el estándar de aprendizaje evaluado.

A4. DIARIOS DE CLASE: Recoge el trabajo de un alumno cada día, tanto de la clase como el desarrollado en casa.

BLOQUE B. REVISIÓN DE TAREAS DEL ALUMNO: Se utilizan para evaluar *procedimientos*.

B1. ANÁLISIS DEL CUADERNO DE CLASE: Comprobar si toma apuntes, si hace las tareas, si comprende las cosas, si se equivoca con frecuencia, si corrige los errores, caligrafía, ortografía... Deberá informarse al alumno de los aspectos adecuados y de aquellos que deberá mejorar.

B2. ANÁLISIS DE PRODUCCIONES: Para valorar el grado de madurez y las capacidades empleadas.

BLOQUE C. PRUEBAS ESPECÍFICAS: Se le presenta al alumno tareas representativas a la conducta a evaluar, para tratar de medir los resultados máximos. Son apropiadas para evaluar **conceptos y procedimientos**. Los **exámenes** (**orales o escritos**) presentan unas condiciones estándares para todos los alumnos, y se dan cuenta que están siendo evaluados. Se deben tener presentes qué estándares de aprendizaje se "tocan" en cada prueba para asignarles **un nivel de logro.**

C1. PRUEBAS DE COMPOSICIÓN: Piden a los alumnos que organicen, seleccionen y expresen ideas esenciales de los temas tratados. Permiten evaluar la lógica de las reflexiones, capacidad comprensiva y expresiva, grado de conocimiento....

C2. PRUEBAS OBJETIVAS: Son breves en su enunciado y en la respuesta que se demanda por medio de distintos tipos de preguntas:

- **Preguntas de respuesta corta:** se pide una información muy concreta.
- **Preguntas de texto incompleto:** para valorar el recuerdo de hechos, terminología....
- **Preguntas de emparejamiento:** se presentan dos listas de palabras o enunciados en disposición vertical para que los alumnos relacionen entre sí.

- **Preguntas de opción múltiple:** para valorar la comprensión, aplicación y discriminación de significados.
- **Preguntas de verdadero o falso:** útiles para medir la capacidad de distinción entre hechos y opiniones o para mejorar la exactitud en las observaciones.

A pesar de que **Ferrer y Montañana** no hacen referencia a ellas, dentro de las **pruebas específicas para E.F.** podemos añadir las siguientes:

- **Prueba práctica:** Exigen que el alumno realice una tarea poniendo de manifiesto la eficacia del aprendizaje. Se debe tener en cuenta el resultado, la destreza de la realización, el manejo del material, etc. Se deben utilizar listas de comprobación y escalas de valoración (rúbricas).
- **Test:** Es una situación experimental estandarizada, que sirve de estímulo a un comportamiento. Son muchas las baterías de tests que existen en E.F., por ejemplo, la "batería EUROFIT".

BLOQUE D. ENTREVISTAS: A través de ella podemos recoger mucha información sobre aspectos que son difícilmente evaluables por otros métodos. Debe usarse de forma complementaria, nunca como instrumento único de evaluación.

BLOQUE E. AUTOEVALUACIÓN: Permite conocer las referencias y valoraciones que, sobre el proceso, pueden proporcionar los alumnos, a la vez que les permite reflexionar sobre su propio proceso de aprendizaje. Requiere la elaboración de cuestionarios mediante los cuales se pueda averiguar la opinión de los alumnos sobre distintos aspectos.

BLOQUE F. COEVALUACIÓN: La coevaluación consiste en evaluar el desempeño de un estudiante a través de sus propios compañeros. El uso de la coevaluación anima a que los estudiantes se sientan parte de una comunidad de aprendizaje e invita a que participen haciendo juicios críticos acerca del trabajo de sus compañeros.

4. COMPETENCIAS CLAVE

El **artículo 3 del Decreto 54/2014** define las **Competencias Clave** como las *"capacidades para aplicar de forma integrada los contenidos propios de cada enseñanza y etapa educativa, con el fin de lograr la realización adecuada de actividades y la resolución eficaz de problemas complejos"*.

En la siguiente tabla se muestran las siete **competencias clave** que establece nuestro currículo, así como algunas contribuciones del área de E.F. para su consecución:

La EF contribuye al desarrollo de la **Competencia lingüística (CL)** mediante la gran variedad de intercambios comunicativos que se producen en la práctica motriz, la resolución de los conflictos mediante el diálogo, la realización de trabajos y el conocimiento y buen uso del vocabulario específico que el área aporta en la comunicación entre el alumnado.
La EF contribuye al desarrollo de la **Competencia matemática y competencias básicas en ciencia y tecnología (CM)** mediante el conocimiento y la comprensión del funcionamiento del cuerpo, la práctica motriz y la valoración de la actividad física en relación a la salud. Así como la percepción, organización y estructuración del cuerpo en el espacio y en el tiempo y el uso de diversas unidades de medida.
La EF contribuye al desarrollo de la **Competencia digital (CD)** mediante el uso de los medios informáticos y audiovisuales en el proceso de enseñanza-aprendizaje y uso de las TIC para la indagación y búsqueda de información.
La EF contribuye al desarrollo de la **Competencia Aprender a aprender (AA)** haciendo consciente al alumnado de sus capacidades y limitaciones y de los efectos que la actividad física tiene en la salud individual y colectiva.
La EF contribuye al desarrollo de las **Competencias Sociales y cívicas (CS)** a través de las interacciones sociales que se dan en la práctica motriz que mejoran la relación social, el respeto a las demás personas y a las reglas. También se mejora la resolución de conflictos
La EF contribuye al desarrollo de la **Competencia Sentido de iniciativa y espíritu emprendedor (SI)** a partir de la autonomía personal a la hora de tomar decisiones para realizar diversas tareas motrices.
La EF contribuye al desarrollo de la **Competencia Conciencia y expresiones culturales (CC)** a través de la expresión de ideas o sentimientos de forma creativa, de la utilización de las posibilidades y recursos del cuerpo y del movimiento y de la participación en deportes, juegos tradicionales y actividades expresivas propias de la Comunidad.

5. CRITERIOS DE EVALUACIÓN Y ESTÁNDARES DE APRENDIZAJE EVALUABLES

El **artículo 3 del Decreto 54/2014** define los **Criterios de Evaluación** como *"el referente específico para evaluar el aprendizaje del alumnado. Describen aquello que se quiere valorar y que el alumnado debe lograr, tanto en conocimientos como en competencias; responden a lo que se pretende conseguir en cada asignatura"*.

Este mismo artículo define **Estándares de aprendizaje evaluables** como *"especificaciones de los criterios de evaluación que permiten definir los resultados de aprendizaje, y que concretan lo que el alumno debe saber, comprender y saber hacer en cada asignatura; deben ser observables, medibles y evaluables y permitir graduar el rendimiento o logro alcanzado. Su diseño debe contribuir y facilitar el diseño de pruebas estandarizadas y comparables"*.

A través de la publicación de la **Resolución de 11/03/2015** se concreta la categorización, ponderación y asociación con las competencias clave, por áreas de conocimiento y cursos, de los estándares de aprendizaje evaluables. Además, en su **apartado Segundo** refleja que "los estándares de aprendizaje evaluables se estructuran en tres categorías: **básicos (B), intermedios (I) y avanzados (A)**".

Los **estándares categorizados como básicos** (suponen al menos el 50% de la nota son considerados imprescindibles para garantizar un adecuado progreso del alumnado en la etapa y, por tanto, gozarán de una mayor consideración en las programaciones didácticas. No obstante, dichas programaciones deberán incluir obligatoriamente la totalidad de los estándares de aprendizaje evaluables y, por tanto, de los criterios de evaluación y contenidos establecidos en el mencionado **Decreto 54/2014.**

Los centros docentes, en el marco de su autonomía, pueden modificar la categorización de los estándares intermedios y avanzados, para adecuarlos en mayor medida a sus propias características y a las del alumnado que escolarizan.

En las orientaciones publicadas en el Portal de Educación de la Consejería de Educación de Castilla-La Mancha, se estima que una proporción aconsejable de participación de los distintos grupos de estándares en la evaluación final, podría ser:

- **Estándares básicos**: entre 55% y 59%. (Calificación hasta 5,9 puntos).
- **Estándares intermedios**: entre el 30% y 35% (hasta 3,5 puntos).
- **Estándares avanzados**: entre 10% y 15%. (hasta 1,5 puntos).

Por otro lado, en el **apartado Tercero de esta Resolución** que trata la **Asociación de los estándares de aprendizaje evaluables y las competencias clave** se establece la asociación de cada estándar con la competencia clave con la que guarda una relación más directa. Esta asociación es orientativa y los centros docentes pueden modificarla o complementarla vinculando los estándares a una o varias competencias.

También cabe destacar que la Consejería de Educación publicó en su página web del Portal de Educación de Castilla-La Mancha (www.educa.jccm.es) una **Herramienta de apoyo a la evaluación del alumnado de Educación Primaria "Evalúa 2.00".** En ella aparecen todos los estándares de aprendizaje evaluables por área y por curso, su ponderación y la autonomía del docente para distribuirlos por trimestres. Una vez incluidas las notas de cada estándar seleccionado por trimestre permite calcular la nota numérica obtenida de cada alumno.

En las siguientes páginas de este libro se muestra como se distribuyen los diferentes estándares de aprendizaje del área de Educación Física para 1º de Educación Primaria, distribuidos por trimestres y repartidos en las 12 Unidades Didácticas de que se compone el curso competo.

Así mismo, también para facilitar el proceso evaluativo se ofrece el uso de la *"Ficha de seguimiento"* de los estándares de aprendizaje de cada U.D., donde se refleja el nivel de logro de cada estándar de aprendizaje en cada alumno/a (del 1 al 5). De este modo, los datos de dicha ficha pueden ser trasladados al programa *"Evalúa",* el cual finalmente nos dará una nota orientativa de la nota de cada alumno y alumna al finalizar cada trimestre y el curso completo.

El procedimiento que a continuación se utiliza sobre la distribución y evaluación de estándares de aprendizaje, así como su seguimiento en cada Unidad Didáctica, es un modelo extrapolable y que se podrá utilizar para cada uno de los niveles de Educación Primaria.

6. EDUCACIÓN FÍSICA EN 1º DE EDUCACIÓN PRIMARIA

6.1. TEMPORALIZACIÓN ANUAL DE UNIDADES DIDÁCTICAS

Para comenzar este apartado veremos las Unidades Didácticas de E.F. que se desarrollarán a lo largo del curso en 1º de Educación Primaria, así como la temporalización de las mismas a lo largo de los tres trimestres, si bien esta temporalización es flexible y dependerá de muchas circunstancias (del centro, de los alumnos/as, del maestro, de las condiciones climatológicas…).

		1º TRIMESTRE	2º TRIMESTRE	3º TRIMESTRE
UNIDADES DIDÁCTICAS	1	EVALUACIÓN INICIAL SEPTIEMBRE		
	2	ESQUEMA CORPORAL LATERALIDAD OCTUBRE		
	3	PERCEPCIÓN ESPACIAL OCT-NOV		
	4	PERCEPCIÓN TEMPORAL NOVIEMBRE		
	5	EQUILIBRIO DICIEMBRE		
	6		DESPLAZAMIENTOS ENERO	
	7		SALTOS Y GIROS FEBRERO	
	8		LANZAMIENTOS Y RECEPCIONES (COORDINACIONES) MARZO	
	9			JUEGOS POPULARES ABRIL
	10			DEPORTES ALTERNATIVOS MAYO
	11			EXPRESIÓN CORPORAL JUNIO
	12	HIGIENE Y SALUD – TODO EL CURSO		

6.2. DISTRIBUCIÓN DE ESTÁNDARES DE APRENDIZAJE POR UNIDAD DIDÁCTICA

En la siguiente tabla se muestran los Estándares de Aprendizaje de Educación Física de 1º de Educación Primaria repartidos a lo largo de todo el curso escolar, por trimestre y divididos en 12 Unidades Didácticas.

Todos los estándares de aprendizaje se evalúan al menos una vez a lo largo del curso, lo que quiere decir que se incluyen dentro de al menos una Unidad Didáctica. No obstante, hay estándares que se evalúan en varias unidades, incluso hay estándares que se están continuamente evaluando, ya que se encuentran recogidos en todas las unidades, fundamentalmente son estándares que evalúan comportamientos y actitudes.

Además, basándonos en las **Resolución del 11/03/2015,** en esta tabla se señala la ponderación de cada estándar y la competencia clave con la que se asocia, así como el instrumento de evaluación con el que se evalúa dicho estándar.

EDUCACIÓN FÍSICA - 1º DE PRIMARIA

			PRIMER TRIMESTRE					SEGUNDO TRIMESTRE				TERCER TRIMESTRE			TODO EL CURSO	INSTRUMENTOS DE EVALUACIÓN
	P	CC	UD1	UD2	UD3	UD4	UD5	UD6	UD7	UD8	UD9	UD10	UD11	UD12	
EF01.01.01	Reacciona ante sensaciones que la actividad física puede producir en su organismo: calor, fatiga, sed, dolor.	B	AA												X	Observación/ Seguimiento
EF01.01.02	Adapta la intensidad de su esfuerzo al tiempo de duración de la tarea.	A	AA				X									Observación/ Seguimiento
EF01.02.01	Reconoce y diferencia inspiración, espiración y momento de reposo.	A	CM		X											Observación/ Seguimiento
EF01.02.02	Controla a voluntad las fases respiratorias.	I	CM		X											Observación/ Seguimiento
EF01.02.03	Diferencia entre respiración nasal y bucal.	I	CM		X											Observación/ Seguimiento
EF01.03.01	Consigue, tras la relajación y vuelta a la calma, regresar a un estado que le permita continuar con su actividad diaria.	A	AA												X	Observación/ Seguimiento
EF01.04.01	Identifica los beneficios de la actividad física sobre la salud.	A	CS												X	Prueba Oral
EF01.04.02	Identifica hábitos alimenticios saludables.	I	CS												X	Hoja Registro Aula
EF01.04.03	Identifica el calentamiento como el paso previo a la práctica de actividad física.	B	AA												X	Observación/ Seguimiento
EF01.04.04	Muestra corrección postural a la hora de realizar cargas con materiales y compañeros en el desarrollo de distintas tareas.	A	AA												X	Observación/ Seguimiento
EF01.05.01	Hace uso correcto y autónomo de los instrumentos de higiene corporal tras la clase aunque necesite ser dirigido.	B	SI	X	X	X	X	X	X	X	X	X	X	X	X	Registro
EF01.05.02	Evita conductas de riesgo en relación con la práctica de actividad física.	I	CS												X	Observación/ Seguimiento

	P	CC	PRIMER TRIMESTRE					SEGUNDO TRIMESTRE				TERCER TRIMESTRE				TODO EL CURSO	INSTRUMENTOS DE EVALUACIÓN
			UD1	UD2	UD3	UD4	UD5	UD6	UD7	UD8	UD9	UD10	UD11	UD12		
EF02.01.01	Localiza y verbaliza diferentes partes de su propio cuerpo.	B	CM	X												Prueba práctica
EF02.01.02	Descubre las distintas posibilidades motrices que le ofrecen sus partes corporales.	B	CM	X												Prueba práctica
EF02.01.03	Moviliza las distintas partes corporales respondiendo a las exigencias de diferentes tareas de carácter sencillo.	B	CM	X												Prueba práctica
EF02.02.01	Toma conciencia de la situación de las extremidades a ambos lados corporales.	B	CM	X												Prueba práctica
EF02.02.02	Fija el segmento lateralizado a partir de tareas que implican su intervención.	I	CM	X												Prueba práctica
EF02.03.01	Utiliza las relaciones topológicas de forma adaptada para orientarse en el espacio.	I	CM			X										Observación/ Seguimiento
EF02.03.02	Desarrolla actividades motrices simples a partir de las relaciones topológicas.	B	CM			X										Observación/ Seguimiento
EF02.04.01	Se inicia en la organización y ordenación de diferentes acciones motrices y acontecimientos diarios y sus fases.	B	CM				X									Observación/ Seguimiento
EF02.04.02	Se inicia en la utilización de la duración física de los acontecimientos (tiempo dedicado a los mismos y cada una de sus fases componentes).	B	AA				X									Observación/ Seguimiento
EF02.04.03	Reproduce un ritmo sencillo dado a partir de diferentes habilidades motrices básicas, utilizando su cuerpo y/u objetos e/o implementos.	B	CC				X							X		Observación/ Seguimiento
EF02.04.04	Adapta su movimiento corporal al ritmo marcado por la música.	I	CC				X							X		Observación/ Seguimiento
EF02.04.05	Aplica diferentes habilidades motrices de forma correcta y adaptada en cuanto a los tiempos de ejecución necesarios para obtener el resultado deseado.	I	AA						X	X	X					Prueba Práctica

EVALUACIÓN DE LA EDUCACIÓN FÍSICA 1º Y 2º CURSO DE EDUCACIÓN PRIMARIA

	P	CC	PRIMER TRIMESTRE					SEGUNDO TRIMESTRE				TERCER TRIMESTRE				TODO EL CURSO	INSTRUMENTOS DE EVALUACIÓN
			UD1	UD2	UD3	UD4	UD5	UD6	UD7	UD8	UD9	UD10	UD11	UD12		
EF02.05.01	Reacciona ante sensaciones que la actividad física puede producir en su organismo: calor, fatiga, sed, dolor.	B	AA												X	Observación/ Seguimiento
EF02.05.02	Responde de forma adaptada ante las exigencias de diversidad de situaciones, mostrando control de la actitud tónica para equilibrarse.	I	AA					X								Observación/ Seguimiento
EF02.05.03	Da respuestas motrices ante estímulos sensoriales visuales, auditivos, táctiles y kinestésicos que pueden suponer condicionamiento de la acción motriz.	I	AA				X									Prueba Práctica
EF02.06.01	Reconoce y diferencia entre inspiración, espiración y momento de reposo.	A	CM		X											Observación/ Seguimiento
EF02.06.02	Controla a voluntad las fases respiratorias.	I	AA		X											Observación/ Seguimiento
EF02.06.03	Diferencia entre respiración nasal y bucal.	I	CM		X											Observación/ Seguimiento
EF02.07.01	Mantiene la quietud, la calma y el silencio durante las actividades vinculadas a la relajación que así lo requieran.	A	CS		X											Observación/ Seguimiento
EF02.07.02	Consigue, tras la relajación y vuelta a la calma, regresar a un estado que le permita continuar con su actividad diaria.	I	AA												X	Observación/ Seguimiento
EF02.08.01	Participa sin reticencias en juegos dramáticos, mimo, representaciones, imitaciones y bailes.	B	CC											X		Observación/ Seguimiento
EF02.08.02	Es capaz de expresar lo que siente en cada momento.	B	CL											X		Observación/ Seguimiento
EF02.08.03	Es espontáneo y creativo.	B	SI									X		X		Observación/ Seguimiento
EF02.09.01	Participa de forma activa y con interés en las diferentes propuestas que se plantean.	B	AA	X	X	X	X	X	X	X	X	X	X	X		Registro

		P	CC	PRIMER TRIMESTRE					SEGUNDO TRIMESTRE			TERCER TRIMESTRE			TODO EL CURSO	INSTRUMENTOS DE EVALUACIÓN
				UD1	UD2	UD3	UD4	UD5	UD6	UD7	UD8	UD9	UD10	UD11	UD12	
EF02.09.02	Conoce y respeta las normas de clase que emanan del grupo (clase y centro).	B	CS	X	X	X	X	X	X	X	X	X	X	X		Registro
EF02.09.03	Respeta las normas establecidas para las distintas tareas propuestas como fundamentales y necesarias para el correcto desarrollo de la clase.	B	CS	X	X	X	X	X	X	X	X	X	X	X		Registro
EF02.09.04	Asiste a clase puntualmente.	B	CS	X	X	X	X	X	X	X	X	X	X	X		Registro
EF02.09.05	Acude a clase con el material necesario para el correcto, seguro y saludable desarrollo de lo establecido en el área.	B	CS	X	X	X	X	X	X	X	X	X	X	X		Registro
EF02.09.06	Trata de forma correcta a sus compañeros obviando el rechazo y la discriminación por la razón que fuese.	B	CS	X	X	X	X	X	X	X	X	X	X	X		Registro
EF02.09.07	Trata de forma correcta al docente obviando el rechazo y la discriminación por la razón que fuese.	B	CS	X	X	X	X	X	X	X	X	X	X	X		Registro
EF02.09.08	Hace un uso correcto y seguro de los recursos y espacios disponibles.	I	CS	X	X	X	X	X	X	X	X	X	X	X		Registro
EF02.10.01	Conoce parte de la cultura lúdica de Castilla - La Mancha y otros contextos.	I	CC									X	X			Prueba Escrita
EF02.10.02	Participa con interés en prácticas motrices populares, autóctonas y/o tradicionales propias de su entorno más cercano, así como de otros contextos, en diversidad de medios.	B	CC									X	X			Observación/ Seguimiento
EF02.10.03	Participa activamente en propuestas lúdicas de entornos urbanos y naturales.	I	CC									X	X			Observación/ Seguimiento

6.3. DESARROLLO DE LAS 12 UNIDADES DIDÁCTICAS

En las siguientes tablas se desarrollan las 12 Unidades Didácticas de las cuales se compone el curso escolar de E.F. en 1º de Educación Primaria. En cada una de ellas se especifican los siguientes elementos:

- ✓ Nº Unidad Didáctica y Título
- ✓ Curso: 1º de Educación Primaria
- ✓ Nº de alumnos/as (sin especificar)
- ✓ Nº de sesiones (orientativo)
- ✓ Temporalización: Trimestre/Mes
- ✓ Objetivos de Etapa con los que mayor relación tiene la U.D.
- ✓ Metodología utilizada a lo largo de la U.D.
- ✓ Recursos: Instalaciones y materiales utilizados.
- ✓ Tipos de actividades.
- ✓ Contenidos a desarrollar en la U.D. (basados en el D.54/2014)
- ✓ Estándares de aprendizaje: De ellos se especifica:
    - Nomenclatura
    - Ponderación: Básico, intermedio o avanzado
    - Competencia Clave asociada
    - Instrumento de Evaluación

Se debe tener en cuenta que todos estos datos son orientativos y que cada maestro debe adaptar los diferentes elementos de cada U.D. a sus propias características, a las del centro y a las de sus propios alumnos/as. De este modo, dentro de su autonomía puede modificar las Unidades Didácticas, su temporalización, así como los estándares de aprendizaje a trabajar en cada trimestre o en cada Unidad.

Por último, después del desarrollo de cada U.D. encontramos la *"Ficha de seguimiento de la U.D."*, la cual nos servirá de ayuda para la evaluación de cada estándar de aprendizaje para cada uno de los alumnos/as. En ella se evaluará cada estándar del 1 al 5 (siendo 1 no conseguido y 5 el nivel máximo). Por último, como ya se comentó anteriormente, estos valores se trasladarán al programa *"Evalúa"* para de este modo obtener la calificación de cada alumno/a.

U.D. Nº 1	CURSO: 1	Alumnos:	9 SESIONES	PRIMER TRIMESTRE	SEPTIEMBRE	
OBJETIVOS DE ETAPA		K, B, M, A, C y J		METODOLOGÍA	DESCUBRIMIENTO GUIADO RESOLUCIÓN DE PROBLEMAS LIBRE EXPLORACIÓN	**EVALUACIÓN INICIAL**
RECURSOS: Instalaciones y material		Pabellón polideportivo. Pelotas, petos, conos, cuerdas, aros, fichas...		ACTIVIDADES	- Juegos cooperativos - Dinámicas de grupo - Gymkhanas	
CONTENIDOS		Uso de recursos adecuados para la práctica de actividad física. Movilidad corporal orientada a la salud. Disposición favorable a participar en las tareas vinculadas a la higiene y la salud propuestas. Reconocimiento y valoración hacia las personas que participan en el juego. Relaciones sociales. Compresión y cumplimiento de las reglas de juego. Valoración de su funcionalidad. Valoración del juego como medio de disfrute y de relación con los demás. Disposición favorable a participar en actividades diversas aceptando las diferencias en el nivel de habilidad. Desarrollo del pensamiento, imaginación y creatividad.				

	ESTÁNDARES DE APRENDIZAJE	P	CC	INSTRUMENTOS DE EVALUACIÓN
EF01.05.01	Hace uso correcto y autónomo de los instrumentos de higiene corporal tras la clase aunque necesite ser dirigido.	B	SI	Registro
EF02.09.01	Participa de forma activa y con interés en las diferentes propuestas que se plantean.	B	AA	Registro
EF02.09.02	Conoce y respeta las normas de clase que emanan del grupo (clase y centro).	B	CS	Registro
EF02.09.03	Respeta las normas establecidas para las distintas tareas propuestas como fundamentales y necesarias para el correcto desarrollo de la clase.	B	CS	Registro
EF02.09.04	Asiste a clase puntualmente.	B	CS	Registro
EF02.09.05	Acude a clase con el material necesario para el correcto, seguro y saludable desarrollo de lo establecido.	B	CS	Registro
EF02.09.06	Trata de forma correcta a sus compañeros obviando el rechazo y la discriminación por la razón que fuese.	B	CS	Registro
EF02.09.07	Trata de forma correcta al docente obviando el rechazo y la discriminación por la razón que fuese.	B	CS	Registro
EF02.09.08	Hace un uso correcto y seguro de los recursos y espacios disponibles.	I	CS	Registro

FICHA DE SEGUIMIENTO DE LA U.D.1

Unidad Didáctica Nº: 1	EVALUACIÓN INICIAL	CURSO	1º

ALUMNADO	ESTÁNDARES	EF01.05.01	EF02.09.01	EF02.09.02	EF02.09.03	EF02.09.04	EF02.09.05	EF02.09.06	EF02.09.07	EF02.09.08			
1													
2													
3													
4													
5													
6													
7													
8													
9													
10													
11													
12													
13													
14													
15													
16													
17													
18													
19													
20													

ASEO	1.5.1	A
Interés	2.9.1	I
Respeto (normas clase)	2.9.2	RNC
Respeto (normas juegos)	2.9.3	RNJ
Falta de Asistencia	2.9.4	F
Material (indumentaria)	2.9.5	M
Compañerismo	2.9.6	C
Respeto (docente)	2.9.7	RD
Comportamiento	2.9.8	C

NO CONSEGUIDO	ACEPTABLE	BUENO	MUY BUENO	EXCELENTE
1	2	3	4	5

FRANCISCO INIESTA PÉREZ

U.D. Nº 2	CURSO: 1º	Alumnos:	9 SESIONES	PRIMER TRIMESTRE	OCTUBRE	ESQUEMA CORPORAL Y LATERALIDAD
OBJETIVOS DE ETAPA	K, B, M, A, C		METODOLOGÍA	DESCUBRIMIENTO GUIADO RESOLUCIÓN DE PROBLEMAS LIBRE EXPLORACIÓN		
RECURSOS: Instalaciones y material	Pabellón polideportivo. Pelotas, pañuelos, balones, petos de colores, conos, picas, aros, cuerdas, pelotas, colchonetas, fichas, bancos suecos…			ACTIVIDADES	Juegos de lateralidad Juegos para controlar las diferentes partes del cuerpo y para desarrollar la concienciación segmentaria y global del cuerpo. Juegos de respiración y el tono muscular.	
CONTENIDOS	Uso de recursos adecuados para la práctica de actividad física. Movilidad corporal orientada a la salud. Conciencia y respeto de la realidad corporal propia y de los demás. Fijación de la lateralidad. Discriminación de ambos lados corporales. Situación de las extremidades. Partes corporales, situación e intervención en el movimiento. Disfrute mediante la expresión a través del propio cuerpo.					

	ESTÁNDARES DE APRENDIZAJE	P	CC	INSTRUMENTOS DE EVALUACIÓN
EF01.05.01	Hace uso correcto y autónomo de los instrumentos de higiene corporal tras la clase aunque necesite ser dirigido.	B	SI	Registro
EF02.09.01	Participa de forma activa y con interés en las diferentes propuestas que se plantean.	B	AA	Registro
EF02.09.02	Conoce y respeta las normas de clase que emanan del grupo (clase y centro).	B	CS	Registro
EF02.09.03	Respeta las normas establecidas para las distintas tareas propuestas como fundamentales y necesarias para el correcto desarrollo de la clase.	B	CS	Registro
EF02.09.04	Asiste a clase puntualmente.	B	CS	Registro
EF02.09.05	Acude a clase con el material necesario para el correcto, seguro y saludable desarrollo de lo establecido en el área.	B	CS	Registro
EF02.09.06	Trata de forma correcta a sus compañeros obviando el rechazo y la discriminación por la razón que fuese.	B	CS	Registro
EF02.09.07	Trata de forma correcta al docente obviando el rechazo y la discriminación por la razón que fuese.	B	CS	Registro
EF02.09.08	Hace un uso correcto y seguro de los recursos y espacios disponibles.	I	CS	Registro
EF01.02.01	Reconoce y diferencia inspiración, espiración y momento de reposo.	A	CM	Observación/ Seguimiento
EF01.02.02	Controla a voluntad las fases respiratorias.	I	CM	Observación/ Seguimiento
EF01.02.03	Diferencia entre respiración nasal y bucal.	I	CM	Observación/ Seguimiento
EF02.01.01	Localiza y verbaliza diferentes partes de su propio cuerpo.	B	CM	Prueba práctica
EF02.01.02	Descubre las distintas posibilidades motrices que le ofrecen sus partes corporales.	B	CM	Prueba práctica

EVALUACIÓN DE LA EDUCACIÓN FÍSICA 1º Y 2º CURSO DE EDUCACIÓN PRIMARIA

U.D. Nº 2	CURSO: 1º	Alumnos:	9 SESIONES	PRIMER TRIMESTRE	OCTUBRE	ESQUEMA CORPORAL Y LATERALIDAD		
OBJETIVOS DE ETAPA	K, B, M, A, C		METODOLOGÍA	DESCUBRIMIENTO GUIADO RESOLUCIÓN DE PROBLEMAS LIBRE EXPLORACIÓN				
EF02.01.03	Moviliza las distintas partes corporales respondiendo a las exigencias de diferentes tareas de carácter sencillo.					B	CM	Prueba práctica
EF02.02.01	Toma conciencia de la situación de las extremidades a ambos lados corporales.					B	CM	Prueba práctica
EF02.02.02	Fija el segmento lateralizado a partir de tareas que implican su intervención.					I	CM	Prueba práctica
EF02.07.01	Mantiene la quietud, la calma y el silencio durante las actividades vinculadas a la relajación que así lo requieran.					A	CS	Observación/ Seguimiento

FICHA DE SEGUIMIENTO DE LA U.D.2

Unidad Didáctica Nº: 2	ESQUEMA CORPORAL Y LATERALIDAD	CURSO	1º

ALUMNADO	ESTÁNDARES	EF01.05.01	EF02.09.01	EF02.09.02	EF02.09.03	EF02.09.04	EF02.09.05	EF02.09.06	EF02.09.07	EF02.09.08	EF01.02.01	EF01.02.02	EF01.02.03	EF02.01.01	EF02.01.02	EF02.01.03	EF02.02.01	EF02.02.02	EF02.07.01
1																			
2																			
3																			
4																			
5																			
6																			
7																			
8																			
9																			
10																			
11																			
12																			
13																			
14																			
15																			
16																			
17																			
18																			
19																			
20																			

ASEO	1.5.1	A
Interés	2.9.1	I
Respeto (normas clase)	2.9.2	RNC
Respeto (normas juegos)	2.9.3	RNJ
Falta de Asistencia	2.9.4	F
Material (indumentaria)	2.9.5	M
Compañerismo	2.9.6	C
Respeto (docente)	2.9.7	RD
Comportamiento	2.9.8	C

NO CONSEGUIDO	ACEPTABLE	BUENO	MUY BUENO	EXCELENTE
1	2	3	4	5

EVALUACIÓN DE LA EDUCACIÓN FÍSICA 1º Y 2º CURSO DE EDUCACIÓN PRIMARIA

U.D. Nº 3	CURSO: 1º	Alumnos:	8 SESIONES	PRIMER TRIMESTRE	OCTUBRE - NOVIEMBRE	PERCEPCIÓN ESPACIAL
OBJETIVOS DE ETAPA	K, B, M, A, C			METODOLOGÍA	DESCUBRIMIENTO GUIADO / RESOLUCIÓN DE PROBLEMAS / LIBRE EXPLORACIÓN	
RECURSOS: Instalaciones y material	Pañuelos, fichas, bancos suecos, conos, picas, aros, cuerdas, pelotas, colchonetas, petos ...			ACTIVIDADES	Exploración del espacio a través de juegos lúdicos. Afianzamiento de las nociones topológicas básicas. Juegos con cambios de direcciones, distancias, velocidades y trayectorias.	
CONTENIDOS	Adquisición de hábitos básicos de higiene corporal, de práctica de actividad física, alimentación, tonicidad postural y de acción, calentamiento y utilización de recursos, relacionados con la actividad física. Identificación de formas y posibilidades de movimiento. Experimentación de diferentes formas de la ejecución de la diversidad de desplazamientos (naturales y construidos), y habilidades que impliquen manejo de objetos. Diferentes patrones locomotores y diferentes velocidades. Diversidad de condicionantes en su ejecución (apoyos, segmentos, superficies, altura, base de sustentación, trayectorias,					

	ESTÁNDARES DE APRENDIZAJE	P	CC	INSTRUMENTOS DE EVALUACIÓN
EF01.05.01	Hace uso correcto y autónomo de los instrumentos de higiene corporal tras la clase, aunque necesite ser dirigido.	B	SI	Registro
EF02.09.01	Participa de forma activa y con interés en las diferentes propuestas que se plantean.	B	AA	Registro
EF02.09.02	Conoce y respeta las normas de clase que emanan del grupo (clase y centro).	B	CS	Registro
EF02.09.03	Respeta las normas establecidas para las distintas tareas propuestas como fundamentales y necesarias para el correcto desarrollo de la clase.	B	CS	Registro
EF02.09.04	Asiste a clase puntualmente.	B	CS	Registro
EF02.09.05	Acude a clase con el material necesario para el correcto, seguro y saludable desarrollo de lo establecido.	B	CS	Registro
EF02.09.06	Trata de forma correcta a sus compañeros obviando el rechazo y la discriminación por la razón que fuese.	B	CS	Registro
EF02.09.07	Trata de forma correcta al docente obviando el rechazo y la discriminación por la razón que fuese.	B	CS	Registro
EF02.09.08	Hace un uso correcto y seguro de los recursos y espacios disponibles.	I	CS	Registro
EF02.03.01	Utiliza las relaciones topológicas de forma adaptada para orientarse en el espacio.	I	CM	Observación/ Seguimiento
EF02.03.02	Desarrolla actividades motrices simples a partir de las relaciones topológicas.	B	CM	Observación

FICHA DE SEGUIMIENTO DE LA U.D.3

Unidad Didáctica Nº: 3	PERCEPCIÓN ESPACIAL	CURSO	1º

ALUMNADO	ESTÁNDARES	EF01.05.01	EF02.09.01	EF02.09.02	EF02.09.03	EF02.09.04	EF02.09.05	EF02.09.06	EF02.09.07	EF02.09.08	EF02.03.01	EF02.03.02			
1															
2															
3															
4															
5															
6															
7															
8															
9															
10															
11															
12															
13															
14															
15															
16															
17															
18															
19															
20															

ASEO	1.5.1	A
Interés	2.9.1	I
Respeto (normas clase)	2.9.2	RNC
Respeto (normas juegos)	2.9.3	RNJ
Falta de Asistencia	2.9.4	F
Material (indumentaria)	2.9.5	M
Compañerismo	2.9.6	C
Respeto (docente)	2.9.7	RD
Comportamiento	2.9.8	C

NO CONSEGUIDO	ACEPTABLE	BUENO	MUY BUENO	EXCELENTE
1	2	3	4	5

EVALUACIÓN DE LA EDUCACIÓN FÍSICA 1º Y 2º CURSO DE EDUCACIÓN PRIMARIA

U.D. Nº 4	CURSO: 1º	Alumnos:	8 SESIONES	PRIMER TRIMESTRE	NOVIEMBRE	PERCEPCIÓN TEMPORAL
OBJETIVOS DE ETAPA	K, B, M, A, C		METODOLOGÍA	DESCUBRIMIENTO GUIADO RESOLUCIÓN DE PROBLEMAS LIBRE EXPLORACIÓN		
RECURSOS: Instalaciones y material	Pañuelos, fichas, bancos suecos, conos, picas, aros, cuerdas, pelotas, colchonetas, petos ...		ACTIVIDADES	Juegos adaptando nuestro movimiento al desplazamiento de los compañeros. Juegos de seguir ritmos. Practica de danzas y bailes populares.		
CONTENIDOS	Adquisición de hábitos básicos de higiene corporal, de práctica de actividad física, alimentación, tonicidad postural y de acción, calentamiento y utilización de recursos, relacionados con la actividad física. Identificación de formas y posibilidades de movimiento. Experimentación de diferentes formas de la ejecución de la diversidad de desplazamientos (naturales y construidos), y habilidades que impliquen manejo de objetos. Diferentes patrones locomotores y diferentes velocidades. Diversidad de condicionantes en su ejecución (apoyos, segmentos, superficies, altura, base de sustentación, trayectorias,					

	ESTÁNDARES DE APRENDIZAJE	P	CC	INSTRUMENTOS DE EVALUACIÓN
EF01.05.01	Hace uso correcto y autónomo de los instrumentos de higiene corporal tras la clase, aunque necesite ser dirigido.	B	SI	Registro
EF02.09.01	Participa de forma activa y con interés en las diferentes propuestas que se plantean.	B	AA	Registro
EF02.09.02	Conoce y respeta las normas de clase que emanan del grupo (clase y centro).	B	CS	Registro
EF02.09.03	Respeta las normas establecidas para las distintas tareas propuestas como fundamentales y necesarias para el correcto desarrollo de la clase.	B	CS	Registro
EF02.09.04	Asiste a clase puntualmente.	B	CS	Registro
EF02.09.05	Acude a clase con el material necesario para el correcto, seguro y saludable desarrollo de lo establecido en el área.	B	CS	Registro
EF02.09.06	Trata de forma correcta a sus compañeros obviando el rechazo y la discriminación por la razón que fuese.	B	CS	Registro
EF02.09.07	Trata de forma correcta al docente obviando el rechazo y la discriminación por la razón que fuese.	B	CS	Registro
EF02.09.08	Hace un uso correcto y seguro de los recursos y espacios disponibles.	I	CS	Registro
EF01.01.02	Adapta la intensidad de su esfuerzo al tiempo de duración de la tarea.	A	AA	Observación/ Seguimiento
EF02.04.01	Se inicia en la organización y ordenación de diferentes acciones motrices y acontecimientos diarios y sus fases.	B	CM	Observación/ Seguimiento
EF02.04.02	Se inicia en la utilización de la duración física de los acontecimientos (tiempo dedicado a los mismos y cada una de sus fases componentes).	B	AA	Observación/ Seguimiento
EF02.04.03	Reproduce un ritmo sencillo dado a partir de diferentes habilidades motrices básicas, utilizando su cuerpo y/u objetos e/o implementos.	B	CC	Observación/ Seguimiento
EF02.04.04	Adapta su movimiento corporal al ritmo marcado por la música.	I	CC	Observación/ Seguimiento
EF02.05.03	Da respuestas motrices ante estímulos sensoriales visuales, auditivos, táctiles y kinestésicos que pueden suponer condicionamiento de la acción motriz.	I	AA	Prueba práctica

FICHA DE SEGUIMIENTO DE LA U.D.4

Unidad Didáctica Nº: 4	PERCEPCIÓN TEMPORAL	CURSO	1º

ALUMNADO	ESTÁNDARES	EF01.05.01	EF02.09.01	EF02.09.02	EF02.09.03	EF02.09.04	EF02.09.05	EF02.09.06	EF02.09.07	EF02.09.08	EF01.01.02	EF02.04.01	EF02.04.02	EF02.04.03	EF02.04.04	EF02.05.03
1																
2																
3																
4																
5																
6																
7																
8																
9																
10																
11																
12																
13																
14																
15																
16																
17																
18																
19																
20																

ASEO	1.5.1	A
Interés	2.9.1	I
Respeto (normas clase)	2.9.2	RNC
Respeto (normas juegos)	2.9.3	RNJ
Falta de Asistencia	2.9.4	F
Material (indumentaria)	2.9.5	M
Compañerismo	2.9.6	C
Respeto (docente)	2.9.7	RD
Comportamiento	2.9.8	C

NO CONSEGUIDO	ACEPTABLE	BUENO	MUY BUENO	EXCELENTE
1	2	3	4	5

EVALUACIÓN DE LA EDUCACIÓN FÍSICA 1º Y 2º CURSO DE EDUCACIÓN PRIMARIA

U.D. Nº 5	CURSO: 1º	Alumnos:	8 SESIONES	PRIMER TRIMESTRE	DICIEMBRE	
OBJETIVOS DE ETAPA	K, B, M, A, C		METODOLOGÍA	DESCUBRIMIENTO GUIADO RESOLUCIÓN DE PROBLEMAS LIBRE EXPLORACIÓN		EQUILIBRIO
RECURSOS: Instalaciones y material	Pabellón. Pañuelos, fichas, bancos suecos, picas, aros, cuerdas, pelotas, colchonetas, conos, bloques de psicomotricidad, zancos...		ACTIVIDADES	Juegos donde controlemos el cuerpo en situaciones de equilibrio. Equilibrios estáticos en el suelo, equilibrios con diferentes puntos de apoyo. Juegos de equilibrio dinámico, sobre superficies elevadas, con distintas partes del cuerpo.		
CONTENIDOS	Posibilidades sensoriales. Propiocepción: equilibrio estático y dinámico adaptado a diversidad de situaciones. Equilibrio con y sin objetos y post movimiento. Diversidad de posturas corporales. Interocepción en relación con la actividad física (calor, fatiga, sed, dolor). Exterocepción: experimentación, exploración y discriminación de las sensaciones visuales, auditivas y táctiles kinestésicas. Utilización de la percepción auditiva, visual y táctil kinestésica en la realización de actividades motrices como condicionantes de las mismas. Aspectos cualitativos del movimiento. Coordinación (dinámica general y óculo-segmentaria) y equilibrio en las distintas ejecuciones (estático y dinámico, con y sin objetos y post movimiento).					
	ESTÁNDARES DE APRENDIZAJE			P	CC	INSTRUMENTOS DE EVALUACIÓN
EF01.05.01	Hace uso correcto y autónomo de los instrumentos de higiene corporal tras la clase, aunque necesite ser dirigido.			B	SI	Registro
EF02.09.01	Participa de forma activa y con interés en las diferentes propuestas que se plantean.			B	AA	Registro
EF02.09.02	Conoce y respeta las normas de clase que emanan del grupo (clase y centro).			B	CS	Registro
EF02.09.03	Respeta las normas establecidas para las distintas tareas propuestas como fundamentales y necesarias para el correcto desarrollo de la clase.			B	CS	Registro
EF02.09.04	Asiste a clase puntualmente.			B	CS	Registro
EF02.09.05	Acude a clase con el material necesario para el correcto, seguro y saludable desarrollo de lo establecido.			B	CS	Registro
EF02.09.06	Trata de forma correcta a sus compañeros obviando el rechazo y la discriminación por la razón que fuese.			B	CS	Registro
EF02.09.07	Trata de forma correcta al docente obviando el rechazo y la discriminación por la razón que fuese.			B	CS	Registro
EF02.09.08	Hace un uso correcto y seguro de los recursos y espacios disponibles.			I	CS	Registro
EF02.05.02	Responde de forma adaptada ante las exigencias de diversidad de situaciones, mostrando control de la actitud tónica para equilibrarse.			I	AA	Observación/ Seguimiento

FICHA DE SEGUIMIENTO DE LA U.D.5

Unidad Didáctica Nº: 5	EQUILIBRIO	CURSO	1º

ALUMNADO	ESTÁNDARES	EF01.05.01	EF02.09.01	EF02.09.02	EF02.09.03	EF02.09.04	EF02.09.05	EF02.09.06	EF02.09.07	EF02.09.08	EF02.05.02			
1														
2														
3														
4														
5														
6														
7														
8														
9														
10														
11														
12														
13														
14														
15														
16														
17														
18														
19														
20														

ASEO	1.5.1	A
Interés	2.9.1	I
Respeto (normas clase)	2.9.2	RNC
Respeto (normas juegos)	2.9.3	RNJ
Falta de Asistencia	2.9.4	F
Material (indumentaria)	2.9.5	M
Compañerismo	2.9.6	C
Respeto (docente)	2.9.7	RD
Comportamiento	2.9.8	C

NO CONSEGUIDO	ACEPTABLE	BUENO	MUY BUENO	EXCELENTE
1	2	3	4	5

EVALUACIÓN DE LA EDUCACIÓN FÍSICA 1º Y 2º CURSO DE EDUCACIÓN PRIMARIA

U.D. Nº 6	CURSO: 1º	Alumnos:	12 SESIONES	2º TRIMESTRE	ENERO	
OBJETIVOS DE ETAPA	K, B, M, A, C		METODOLOGÍA	DESCUBRIMIENTO GUIADO RESOLUCIÓN DE PROBLEMAS LIBRE EXPLORACIÓN		**DESPLAZAMIENTOS**
RECURSOS: Instalaciones y material	Pañuelos, fichas, bancos suecos, conos, picas, aros, cuerdas, pelotas, colchonetas, petos …		ACTIVIDADES	Juegos con diferentes tipos de desplazamientos por el espacio. Desplazamientos con objetos. Desplazamientos en carrera con saltos y a distintos ritmos. Practica de desplazamientos en equipo.		
CONTENIDOS	Aspectos cualitativos del movimiento. Coordinación (dinámica general y óculo-segmentaria) y equilibrio en las distintas ejecuciones (estático y dinámico, con y sin objetos y post movimiento). Identificación de formas y posibilidades de movimiento. Experimentación de diferentes formas de la ejecución de la diversidad de desplazamientos (naturales y construidos), saltos (diferentes tipos y con coordinación de sus fases), giros en diferentes ejes (longitudinal y transversal) y planos (transversal y sagital) y habilidades que impliquen manejo y control de objetos. Diferentes patrones locomotores y diferentes velocidades. Diversidad de condicionantes en su ejecución (apoyos, segmentos, superficies, altura, base de sustentación, trayectorias, inclinaciones, materiales…).					
	ESTÁNDARES DE APRENDIZAJE					
					P	CC	INSTRUMENTOS DE EVALUACIÓN

	ESTÁNDARES DE APRENDIZAJE	P	CC	INSTRUMENTOS DE EVALUACIÓN
EF01.05.01	Hace uso correcto y autónomo de los instrumentos de higiene corporal tras la clase, aunque necesite ser dirigido.	B	SI	Registro
EF02.09.01	Participa de forma activa y con interés en las diferentes propuestas que se plantean.	B	AA	Registro
EF02.09.02	Conoce y respeta las normas de clase que emanan del grupo (clase y centro).	B	CS	Registro
EF02.09.03	Respeta las normas establecidas para las distintas tareas propuestas como fundamentales y necesarias para el correcto desarrollo de la clase.	B	CS	Registro
EF02.09.04	Asiste a clase puntualmente.		CS	Registro
EF02.09.05	Acude a clase con el material necesario para el correcto, seguro y saludable desarrollo de lo establecido.	B	CS	Registro
EF02.09.06	Trata de forma correcta a sus compañeros obviando el rechazo y la discriminación por la razón que fuese.	B	CS	Registro
EF02.09.07	Trata de forma correcta al docente obviando el rechazo y la discriminación por la razón que fuese.	B	CS	Registro
EF02.09.08	Hace un uso correcto y seguro de los recursos y espacios disponibles.	I	CS	Registro
EF02.04.05	Aplica diferentes habilidades motrices de forma correcta y adaptada en cuanto a los tiempos de ejecución necesarios para obtener el resultado deseado.	I	AA	Prueba Práctica

FICHA DE SEGUIMIENTO DE LA U.D.6

Unidad Didáctica Nº: 6	DESPLAZAMIENTOS	CURSO	1º

ALUMNADO	ESTÁNDARES	EF01.05.01	EF02.09.01	EF02.09.02	EF02.09.03	EF02.09.04	EF02.09.05	EF02.09.06	EF02.09.07	EF02.09.08	EF02.04.05			
1														
2														
3														
4														
5														
6														
7														
8														
9														
10														
11														
12														
13														
14														
15														
16														
17														
18														
19														
20														

ASEO	1.5.1	A
Interés	2.9.1	I
Respeto (normas clase)	2.9.2	RNC
Respeto (normas juegos)	2.9.3	RNJ
Falta de Asistencia	2.9.4	F
Material (indumentaria)	2.9.5	M
Compañerismo	2.9.6	C
Respeto (docente)	2.9.7	RD
Comportamiento	2.9.8	C

NO CONSEGUIDO	ACEPTABLE	BUENO	MUY BUENO	EXCELENTE
1	2	3	4	5

EVALUACIÓN DE LA EDUCACIÓN FÍSICA 1º Y 2º CURSO DE EDUCACIÓN PRIMARIA

U.D. Nº 7	CURSO: 1º	Alumnos:	12 SESIONES	2º TRIMESTRE	FEBRERO	
OBJETIVOS DE ETAPA	K, B, M, A, C		METODOLOGÍA	DESCUBRIMIENTO GUIADO RESOLUCIÓN DE PROBLEMAS LIBRE EXPLORACIÓN		SALTOS Y GIROS
RECURSOS: Instalaciones y material	Aros, vallas, colchonetas, bloques de psicomotricidad, bancos suecos, aros, conos, picas, enganches, combas, balones de gomaespuma, cinta métrica, tizas, cuerdas...			ACTIVIDADES	Juegos y actividades de saltos con materiales diferentes. Saltos sobre obstáculos inmóviles y móviles. Saltos en longitud. Saltos encadenados. Saltos en equipo. Volteretas.	
CONTENIDOS	Aspectos cualitativos del movimiento. Coordinación (dinámica general y óculo-segmentaria) y equilibrio en las distintas ejecuciones (estático y dinámico, con y sin objetos y post movimiento). Identificación de formas y posibilidades de movimiento. Experimentación de diferentes formas de la ejecución de la diversidad de desplazamientos (naturales y construidos), saltos (diferentes tipos y con coordinación de sus fases), giros en diferentes ejes (longitudinal y transversal) y planos (transversal y sagital) y habilidades que impliquen manejo y control de objetos. Diferentes patrones locomotores y diferentes velocidades. Diversidad de condicionantes en su ejecución (apoyos, segmentos, superficies, altura, base de sustentación, trayectorias, inclinaciones, materiales...).					
	ESTÁNDARES DE APRENDIZAJE				P	CC	INSTRUMENTOS DE EVALUACIÓN

	ESTÁNDARES DE APRENDIZAJE	P	CC	INSTRUMENTOS DE EVALUACIÓN
EF01.05.01	Hace uso correcto y autónomo de los instrumentos de higiene corporal tras la clase, aunque necesite ser dirigido.	B	SI	Registro
EF02.09.01	Participa de forma activa y con interés en las diferentes propuestas que se plantean.	B	AA	Registro
EF02.09.02	Conoce y respeta las normas de clase que emanan del grupo (clase y centro).	B	CS	Registro
EF02.09.03	Respeta las normas establecidas para las distintas tareas propuestas como fundamentales y necesarias para el correcto desarrollo de la clase.	B	CS	Registro
EF02.09.04	Asiste a clase puntualmente.	B	CS	Registro
EF02.09.05	Acude a clase con el material necesario para el correcto, seguro y saludable desarrollo de lo establecido.	B	CS	Registro
EF02.09.06	Trata de forma correcta a sus compañeros obviando el rechazo y la discriminación por la razón que fuese.	B	CS	Registro
EF02.09.07	Trata de forma correcta al docente obviando el rechazo y la discriminación por la razón que fuese.	B	CS	Registro
EF02.09.08	Hace un uso correcto y seguro de los recursos y espacios disponibles.	I	CS	Registro
EF02.04.05	Aplica diferentes habilidades motrices de forma correcta y adaptada en cuanto a los tiempos de ejecución necesarios para obtener el resultado deseado.	I	AA	Prueba Práctica

FICHA DE SEGUIMIENTO DE LA U.D.7

Unidad Didáctica Nº: 7	SALTOS Y GIROS	CURSO	1º

ALUMNADO	ESTÁNDARES	EF01.05.01	EF02.09.01	EF02.09.02	EF02.09.03	EF02.09.04	EF02.09.05	EF02.09.06	EF02.09.07	EF02.09.08	EF02.04.05			
1														
2														
3														
4														
5														
6														
7														
8														
9														
10														
11														
12														
13														
14														
15														
16														
17														
18														
19														
20														

ASEO	1.5.1	A
Interés	2.9.1	I
Respeto (normas clase)	2.9.2	RNC
Respeto (normas juegos)	2.9.3	RNJ
Falta de Asistencia	2.9.4	F
Material (indumentaria)	2.9.5	M
Compañerismo	2.9.6	C
Respeto (docente)	2.9.7	RD
Comportamiento	2.9.8	C

NO CONSEGUIDO	ACEPTABLE	BUENO	MUY BUENO	EXCELENTE
1	2	3	4	5

EVALUACIÓN DE LA EDUCACIÓN FÍSICA 1º Y 2º CURSO DE EDUCACIÓN PRIMARIA

U.D. Nº 8	CURSO: 1º	Alumnos:	12 SESIONES	2º TRIMESTRE	MARZO	LANZAMIENTOS Y RECEPCIONES (COORDINACIONES)
OBJETIVOS DE ETAPA	K, B, M, A, C		METODOLOGÍA	DESCUBRIMIENTO GUIADO RESOLUCIÓN DE PROBLEMAS LIBRE EXPLORACIÓN		
RECURSOS: Instalaciones y material	Pelotas de diferentes tamaños y pesos, balones de voleibol, pañuelos, aros, picas, conos, balones, bancos suecos, petos...		ACTIVIDADES	Juegos de manipulación de objetos, para el desarrollo de la coordinación óculo-manual y óculo-pédica. Juegos de malabares. Práctica de habilidades de lanzamientos y recepciones en situaciones de juego.		
CONTENIDOS	Uso de recursos adecuados para la práctica de actividad física. Movilidad corporal orientada a la salud. Respeto de las normas de uso de materiales y espacios en la práctica de actividad física. Adquisición de hábitos básicos de higiene corporal, de práctica de actividad física, alimentación, tonicidad postural y de acción, calentamiento y utilización de recursos, relacionados con actividad física. Aspectos cualitativos del movimiento. Coordinación (dinámica general y óculo-segmentaria) y equilibrio en las distintas ejecuciones (estático y dinámico, con y sin objetos y post movimiento). Realización de juegos libres y organizados. Juegos simples sensoriales y perceptivos, simbólicos-dramáticos. Reglamentación simple.					

	ESTÁNDARES DE APRENDIZAJE	P	CC	INSTRUMENTOS DE EVALUACIÓN
EF01.05.01	Hace uso correcto y autónomo de los instrumentos de higiene corporal tras la clase, aunque necesite ser dirigido.	B	SI	Registro
EF02.09.01	Participa de forma activa y con interés en las diferentes propuestas que se plantean.	B	AA	Registro
EF02.09.02	Conoce y respeta las normas de clase que emanan del grupo (clase y centro).	B	CS	Registro
EF02.09.03	Respeta las normas establecidas para las distintas tareas propuestas como fundamentales y necesarias para el correcto desarrollo de la clase.	B	CS	Registro
EF02.09.04	Asiste a clase puntualmente.	B	CS	Registro
EF02.09.05	Acude a clase con el material necesario para el correcto, seguro y saludable desarrollo de lo establecido.	B	CS	Registro
EF02.09.06	Trata de forma correcta a sus compañeros obviando el rechazo y la discriminación por la razón que fuese.	B	CS	Registro
EF02.09.07	Trata de forma correcta al docente obviando el rechazo y la discriminación por la razón que fuese.	B	CS	Registro
EF02.09.08	Hace un uso correcto y seguro de los recursos y espacios disponibles.	I	CS	Registro
EF02.04.05	Aplica diferentes habilidades motrices de forma correcta y adaptada en cuanto a los tiempos de ejecución necesarios para obtener el resultado deseado.	I	AA	Prueba Práctica

FICHA DE SEGUIMIENTO DE LA U.D.8

Unidad Didáctica Nº: 8	LANZAMIENTOS Y RECEPCIONES (COORDINACIONES)	CURSO	1º

ALUMNADO	ESTÁNDARES	EF01.05.01	EF02.09.01	EF02.09.02	EF02.09.03	EF02.09.04	EF02.09.05	EF02.09.06	EF02.09.07	EF02.09.08	EF02.04.05			
1														
2														
3														
4														
5														
6														
7														
8														
9														
10														
11														
12														
13														
14														
15														
16														
17														
18														
19														
20														

ASEO	1.5.1	A
Interés	2.9.1	I
Respeto (normas clase)	2.9.2	RNC
Respeto (normas juegos)	2.9.3	RNJ
Falta de Asistencia	2.9.4	F
Material (indumentaria)	2.9.5	M
Compañerismo	2.9.6	C
Respeto (docente)	2.9.7	RD
Comportamiento	2.9.8	C

NO CONSEGUIDO	ACEPTABLE	BUENO	MUY BUENO	EXCELENTE
1	2	3	4	5

U.D. Nº 9	CURSO: 1º	Alumnos:	9 SESIONES	TERCER TRIMESTRE	ABRIL	
OBJETIVOS DE ETAPA	K, J, B, M, A, C		METODOLOGÍA	DESCUBRIMIENTO GUIADO RESOLUCIÓN DE PROBLEMAS LIBRE EXPLORACIÓN		**JUEGOS POPULARES**
RECURSOS: Instalaciones y material	Pabellón, pista. Sogas, peonzas, pañuelos, zancos, chapas, sacos, sogas, petos, chapas, canicas, tizas, cartulinas, tizas....		**ACTIVIDADES**	Juegos de cooperación. Juegos populares de nuestra región. Juegos de otros países o regiones. Investigación y práctica de juegos de nuestros padres y abuelos.		
CONTENIDOS	Respeto de las normas de uso de materiales y espacios en la práctica de actividad física. Práctica de actividades físicas populares, autóctonas y tradicionales de Castilla – La Mancha. Práctica de actividades físicas populares, autóctonas y tradicionales de distintas culturas, especialmente los de las presentes en el entorno próximo. El juego como actividad común a todas las culturas. Prácticas propias del medio urbano y natural. Descubrimiento y utilización de estrategias de cooperación y oposición. Aceptación y desarrollo de distintos roles en el juego.					
	ESTÁNDARES DE APRENDIZAJE			P	CC	INSTRUMENTOS DE EVALUACIÓN
EF01.05.01	Hace uso correcto y autónomo de los instrumentos de higiene corporal tras la clase, aunque necesite ser dirigido.			B	SI	Registro
EF02.09.01	Participa de forma activa y con interés en las diferentes propuestas que se plantean.			B	AA	Registro
EF02.09.02	Conoce y respeta las normas de clase que emanan del grupo (clase y centro).			B	CS	Registro
EF02.09.03	Respeta las normas establecidas para las distintas tareas propuestas como fundamentales y necesarias para el correcto desarrollo de la clase.			B	CS	Registro
EF02.09.04	Asiste a clase puntualmente.			B	CS	Registro
EF02.09.05	Acude a clase con el material necesario para el correcto, seguro y saludable desarrollo de lo establecido en el área.			B	CS	Registro
EF02.09.06	Trata de forma correcta a sus compañeros obviando el rechazo y la discriminación por la razón que fuese.			B	CS	Registro
EF02.09.07	Trata de forma correcta al docente obviando el rechazo y la discriminación por la razón que fuese.			B	CS	Registro
EF02.09.08	Hace un uso correcto y seguro de los recursos y espacios disponibles.			I	CS	Registro
EF02.10.01	Conoce parte de la cultura lúdica de Castilla - La Mancha y otros contextos.			I	CC	Prueba Escrita
EF02.10.02	Participa con interés en prácticas motrices populares, autóctonas y/o tradicionales propias de su entorno más cercano, así como de otros contextos, en diversidad de medios.			B	CC	Observación/ Seguimiento
EF02.10.03	Participa activamente en propuestas lúdicas de entornos urbanos y naturales.			I	CC	Observación

FICHA DE SEGUIMIENTO DE LA U.D.9

Unidad Didáctica Nº: 9	JUEGOS POPULARES	CURSO	1º

ALUMNADO	ESTÁNDARES	EF01.05.01	EF02.09.01	EF02.09.02	EF02.09.03	EF02.09.04	EF02.09.05	EF02.09.06	EF02.09.07	EF02.09.08	EF02.10.01	EF02.10.02	EF02.10.03		
1															
2															
3															
4															
5															
6															
7															
8															
9															
10															
11															
12															
13															
14															
15															
16															
17															
18															
19															
20															

ASEO	1.5.1	A
Interés	2.9.1	I
Respeto (normas clase)	2.9.2	RNC
Respeto (normas juegos)	2.9.3	RNJ
Falta de Asistencia	2.9.4	F
Material (indumentaria)	2.9.5	M
Compañerismo	2.9.6	C
Respeto (docente)	2.9.7	RD
Comportamiento	2.9.8	C

NO CONSEGUIDO	ACEPTABLE	BUENO	MUY BUENO	EXCELENTE
1	2	3	4	5

EVALUACIÓN DE LA EDUCACIÓN FÍSICA 1º Y 2º CURSO DE EDUCACIÓN PRIMARIA

U.D. Nº 10	CURSO: 1º	Alumnos:	10 SESIONES	TERCER TRIMESTRE	MAYO	DEPORTES ALTERNATIVOS
OBJETIVOS DE ETAPA	K, B, M, A, C			DESCUBRIMIENTO GUIADO RESOLUCIÓN DE PROBLEMAS LIBRE EXPLORACIÓN		
				METODOLOGÍA		
RECURSOS: Instalaciones y material	Pabellón. Sticks de floorball, indiacas, conos, picas, petos, pañuelos, aros, pelotas de tenis, bates de béisbol, palas...			ACTIVIDADES	Juegos con diferentes materiales alternativos: indiacas, floorball, paracaídas, discos voladores,...	
CONTENIDOS	Realización de juegos libres y organizados. Juegos simples sensoriales y perceptivos, simbólicos-dramáticos. Reglamentación simple. El juego como actividad común a todas las culturas. Prácticas propias del medio urbano y natural. Descubrimiento y utilización de estrategias de cooperación y oposición. Aceptación y desarrollo de distintos roles en el juego. Reconocimiento y valoración hacia las personas que participan en el juego. Relaciones sociales. Compresión y cumplimiento de las reglas de juego. Valoración de su funcionalidad. Valoración del juego como medio de disfrute y de relación con los demás. Disposición favorable a participar en actividades diversas aceptando las diferencias en el nivel de habilidad. Desarrollo del pensamiento, imaginación y creatividad.					

	ESTÁNDARES DE APRENDIZAJE	P	CC	INSTRUMENTOS DE EVALUACIÓN
EF01.05.01	Hace uso correcto y autónomo de los instrumentos de higiene corporal tras la clase, aunque necesite ser dirigido.	B	SI	Registro
EF02.09.01	Participa de forma activa y con interés en las diferentes propuestas que se plantean.	B	AA	Registro
EF02.09.02	Conoce y respeta las normas de clase que emanan del grupo (clase y centro).	B	CS	Registro
EF02.09.03	Respeta las normas establecidas para las distintas tareas propuestas como fundamentales y necesarias para el correcto desarrollo de la clase.	B	CS	Registro
EF02.09.04	Asiste a clase puntualmente.	B	CS	Registro
EF02.09.05	Acude a clase con el material necesario para el correcto, seguro y saludable desarrollo de lo establecido.	B	CS	Registro
EF02.09.06	Trata de forma correcta a sus compañeros obviando el rechazo y la discriminación por la razón que fuese.	B	CS	Registro
EF02.09.07	Trata de forma correcta al docente obviando el rechazo y la discriminación por la razón que fuese.	B	CS	Registro
EF02.09.08	Hace un uso correcto y seguro de los recursos y espacios disponibles.	I	CS	Registro
EF02.10.01	Conoce parte de la cultura lúdica de Castilla - La Mancha y otros contextos.	I	CC	Prueba Escrita
EF02.10.02	Participa con interés en prácticas motrices populares, autóctonas y/o tradicionales propias de su entorno más cercano, así como de otros contextos, en diversidad de medios.	B	CC	Observación/ Seguimiento
EF02.10.03	Participa activamente en propuestas lúdicas de entornos urbanos y naturales.	I	CC	ObservacióN

FICHA DE SEGUIMIENTO DE LA U.D.10

Unidad Didáctica Nº: 10	DEPORTES ALTERNATIVOS	CURSO	1º

ALUMNADO	ESTÁNDARES	EF01.05.01	EF02.09.01	EF02.09.02	EF02.09.03	EF02.09.04	EF02.09.05	EF02.09.06	EF02.09.07	EF02.09.08	EF02.10.01	EF02.10.02	EF02.10.03		
1															
2															
3															
4															
5															
6															
7															
8															
9															
10															
11															
12															
13															
14															
15															
16															
17															
18															
19															
20															

ASEO	1.5.1	A
Interés	2.9.1	I
Respeto (normas clase)	2.9.2	RNC
Respeto (normas juegos)	2.9.3	RNJ
Falta de Asistencia	2.9.4	F
Material (indumentaria)	2.9.5	M
Compañerismo	2.9.6	C
Respeto (docente)	2.9.7	RD
Comportamiento	2.9.8	C

NO CONSEGUIDO	ACEPTABLE	BUENO	MUY BUENO	EXCELENTE
1	2	3	4	5

EVALUACIÓN DE LA EDUCACIÓN FÍSICA 1º Y 2º CURSO DE EDUCACIÓN PRIMARIA

U.D. Nº 11	CURSO: 1º	Alumnos:	6 SESIONES	TERCER TRIMESTRE	JUNIO	
OBJETIVOS DE ETAPA	K, J, B, M, A, C		METODOLOGÍA	DESCUBRIMIENTO GUIADO RESOLUCIÓN DE PROBLEMAS LIBRE EXPLORACIÓN		EXPRESIÓN CORPORAL
RECURSOS: Instalaciones y material	Pabellón. Aros, pañuelos, fichas, cartulinas, ordenador portátil, altavoces, cuerdas, petos, bancos suecos, picas, conos, pelotas,…		ACTIVIDADES	Creación e interpretación de situaciones cotidianas. Improvisación de personajes en propuestas grupales. Dramatizaciones sencillas en equipo. Realización de bailes de diferente tipo,…		
CONTENIDOS	Movilidad corporal orientada a la salud. Respeto de las normas de uso de materiales y espacios en la práctica de actividad física. Exteriorización de emociones, ideas, sentimientos y necesidades con desinhibición. Interpretación de lo expresado por otros para la comprensión de mensajes corporales sencillos. Participación en situaciones que supongan comunicación corporal. Desinhibición, espontaneidad y creatividad. El juego como actividad común a todas las culturas.					

	ESTÁNDARES DE APRENDIZAJE	P	CC	INSTRUMENTOS DE EVALUACIÓN
EF01.05.01	Hace uso correcto y autónomo de los instrumentos de higiene corporal tras la clase, aunque necesite ser dirigido.	B	SI	Registro
EF02.09.01	Participa de forma activa y con interés en las diferentes propuestas que se plantean.	B	AA	Registro
EF02.09.02	Conoce y respeta las normas de clase que emanan del grupo (clase y centro).	B	CS	Registro
EF02.09.03	Respeta las normas establecidas para las distintas tareas propuestas como fundamentales y necesarias.	B	CS	Registro
EF02.09.04	Asiste a clase puntualmente.	B	CS	Registro
EF02.09.05	Acude a clase con el material necesario para el correcto, seguro y saludable desarrollo de lo establecido.	B	CS	Registro
EF02.09.06	Trata de forma correcta a sus compañeros obviando el rechazo y la discriminación por la razón que fuese.	B	CS	Registro
EF02.09.07	Trata de forma correcta al docente obviando el rechazo y la discriminación por la razón que fuese.	B	CS	Registro
EF02.09.08	Hace un uso correcto y seguro de los recursos y espacios disponibles.	I	CS	Registro
EF02.04.03	Reproduce un ritmo sencillo dado a partir de diferentes habilidades motrices básicas, utilizando su cuerpo y/u objetos e/o implementos.	B	CC	Observación/ Seguimiento
EF02.04.04	Adapta su movimiento corporal al ritmo marcado por la música.	I	CC	Observación/ Seguimiento
EF02.08.01	Participa sin reticencias en juegos dramáticos, mimo, representaciones, imitaciones y bailes.	B	CC	Observación/ Seguimiento
EF02.08.02	Es capaz de expresar lo que siente en cada momento.	B	CL	Observación/ Seguimiento
EF02.08.03	Es espontáneo y creativo.	B	SI	Observación/ Seguimiento

FICHA DE SEGUIMIENTO DE LA U.D.11

Unidad Didáctica Nº: 11	EXPRESIÓN CORPORAL	CURSO	1º

ALUMNADO	ESTÁNDARES	EF01.05.01	EF02.09.01	EF02.09.02	EF02.09.03	EF02.09.04	EF02.09.05	EF02.09.06	EF02.09.07	EF02.09.08	EF02.04.03	EF02.04.04	EF02.08.01	EF02.08.02	EF02.08.03
1															
2															
3															
4															
5															
6															
7															
8															
9															
10															
11															
12															
13															
14															
15															
16															
17															
18															
19															
20															

ASEO	1.5.1	A
Interés	2.9.1	I
Respeto (normas clase)	2.9.2	RNC
Respeto (normas juegos)	2.9.3	RNJ
Falta de Asistencia	2.9.4	F
Material (indumentaria)	2.9.5	M
Compañerismo	2.9.6	C
Respeto (docente)	2.9.7	RD
Comportamiento	2.9.8	C

NO CONSEGUIDO	ACEPTABLE	BUENO	MUY BUENO	EXCELENTE
1	2	3	4	5

EVALUACIÓN DE LA EDUCACIÓN FÍSICA 1º Y 2º CURSO DE EDUCACIÓN PRIMARIA

U.D. Nº 12	CURSO: 1º	Alumnos:	TODO EL CURSO	
OBJETIVOS DE ETAPA	K, B, M, A, C, I	METODOLOGÍA	DESCUBRIMIENTO GUIADO RESOLUCIÓN DE PROBLEMAS LIBRE EXPLORACIÓN	**HIGIENE Y SALUD**
RECURSOS: Instalaciones y material	Pabellón, patio, aula, fichas, toallitas, ropa deportiva, material propio de E.F.,….	ACTIVIDADES	Explicaciones teóricas. Fichas y trabajos de investigación. Actividades y juegos. Simulaciones.	
CONTENIDOS	Adquisición de hábitos básicos de higiene corporal, de práctica de actividad física, alimentación, tonicidad postural y de acción, calentamiento y utilización de recursos, relacionados con la actividad física. Relación de la actividad física con el bienestar. Calidad de vida. Hábitos beneficiosos y nocivos para la salud. Uso de recursos adecuados para la práctica de actividad física. Movilidad corporal orientada a la salud. Disposición favorable a participar en las tareas vinculadas a la higiene y la salud propuestas.			

	ESTÁNDARES DE APRENDIZAJE	P	CC	INSTRUMENTOS DE EVALUACIÓN
EF01.01.01	Reacciona ante sensaciones que la actividad física puede producir en su organismo: calor, fatiga, sed, dolor.	B	AA	Observación/ Seguimiento
EF01.03.01	Consigue, tras la relajación y vuelta a la calma, regresar a un estado que le permita continuar con su actividad diaria.	A	AA	Observación/ Seguimiento
EF01.04.01	Identifica los beneficios de la actividad física sobre la salud.	A	CS	Prueba Oral
EF01.04.02	Identifica hábitos alimenticios saludables.	I	CS	Hoja Registro Aula
EF01.04.03	Identifica el calentamiento como el paso previo a la práctica de actividad física.	B	AA	Observación/ Seguimiento
EF01.04.04	Muestra corrección postural a la hora de realizar cargas con materiales y compañeros en el desarrollo de distintas tareas.	A	AA	Observación/ Seguimiento
EF01.05.01	Hace uso correcto y autónomo de los instrumentos de higiene corporal tras la clase, aunque necesite ser dirigido.	B	SI	Registro
EF01.05.02	Evita conductas de riesgo en relación con la práctica de actividad física.	I	CS	Observación/ Seguimiento
EF02.05.01	Reacciona ante sensaciones que la actividad física puede producir en su organismo: calor, fatiga, sed, dolor.	B	AA	Observación/ Seguimiento
EF02.07.02	Consigue, tras la relajación y vuelta a la calma, regresar a un estado que le permita continuar con su actividad diaria.	I	AA	Observación/ Seguimiento

FICHA DE SEGUIMIENTO DE LA U.D.12

Unidad Didáctica Nº: 12	HIGIENE Y SALUD	CURSO	1º

ALUMNADO	ESTÁNDARES	EF01.01.01	EF01.03.01	EF01.04.01	EF01.04.02	EF01.04.03	EF01.04.04	EF01.05.01	EF01.05.02	EF02.05.01	EF02.07.02			
1														
2														
3														
4														
5														
6														
7														
8														
9														
10														
11														
12														
13														
14														
15														
16														
17														
18														
19														
20														

NO CONSEGUIDO	ACEPTABLE	BUENO	MUY BUENO	EXCELENTE
1	2	3	4	5

Al ser una Unidad Didáctica que se trabaja a lo largo de todo el curso, la nota final de la unidad aparecerá en la tercera evaluación, por lo que no habrá nota parcial en las evaluaciones anteriores. No obstante, a lo largo del curso se pueden ir haciendo anotaciones, observación y evaluación de estos estándares.

6.4. RÚBRICAS

Como ya se comentó en el apartado sobre instrumentos de evaluación, las rúbricas son un ejemplo de escalas de observación, las cuales evalúan el nivel de logro conseguido en el estándar de aprendizaje evaluado. En Castilla-La Mancha este nivel de logro se valora del 1 al 5, siendo 1 como no conseguido y 5 el valor máximo.

A continuación, se muestran, a modo de ejemplo, algunas de las rúbricas que pueden ser utilizadas por el maestro de Educación Física para evaluar las pruebas prácticas de cada Unidad Didáctica.

El uso de rúbricas no tiene carácter obligatorio dentro de la E.F., pero su utilización si que puede resultar muy útil para la evaluación de muchos de los estándares, fundamentalmente con aquellos que se asocia una prueba práctica o motriz.

1º PRIMARIA – RÚBRICA GENERAL

ESTÁNDAR		NIVEL 1 NO ACEPTABLE	NIVEL 2 ACEPTABLE	NIVEL 3 BUENO	NIVEL 4 MUY BUENO	NIVEL 5 EXCELENTE
EF01.05.01	Hace uso correcto y autónomo de los instrumentos de higiene corporal tras la clase, aunque necesite ser dirigido.	TIENE REGISTRADO 4 NEGATIVOS O MAS	TIENE REGISTRADO 3 NEGATIVOS	TIENE REGISTRADO 2 NEGATIVOS	TIENE REGISTRADO 1 NEGATIVO	NO TIENE REGISTRADO NINGÚN NEGATIVO
EF02.09.01	Participa de forma activa y con interés en las diferentes propuestas que se plantean.					
EF02.09.02	Conoce y respeta las normas de clase que emanan del grupo (clase y centro).					
EF02.09.03	Respeta las normas establecidas para las distintas tareas propuestas como fundamentales y necesarias para el correcto desarrollo de la clase.					
EF02.09.04	Asiste a clase puntualmente.					
EF02.09.05	Acude a clase con el material necesario para el correcto, seguro y saludable desarrollo de lo establecido en el área.					
EF02.09.06	Trata de forma correcta a sus compañeros obviando el rechazo y la discriminación por la razón que fuese.					
EF02.09.07	Trata de forma correcta al docente obviando el rechazo y la discriminación por la razón que fuese.					
EF02.09.08	Hace un uso correcto y seguro de los recursos y espacios disponibles.					

Todos los estándares actitudinales se valoran en cada sesión. Cada negativo en estos estándares se irá restando a la valoración final, de tal manera que con cuatro faltas en la unidad se valorará como insuficiente para ese estándar.

1º PRIMARIA – RÚBRICA
ESQUEMA CORPORAL – PRUEBA PRÁCTICA

La Prueba Práctica consistirá en la superación de una serie de pruebas donde el alumno debe nombrar y señalar las diferentes partes de su cuerpo, así como su movilización.

También se pasará una prueba para el conocimiento y diferenciación de la izquierda y derecha propia, y en lados opuestos.

ESTÁNDAR		NIVEL 1 NO ACEPTABLE	NIVEL 2 ACEPTABLE	NIVEL 3 BUENO	NIVEL 4 MUY BUENO	NIVEL 5 EXCELENTE
EF02.01.01	Localiza y verbaliza diferentes partes de su propio cuerpo y del cuerpo de otros.	Nombra y señala 0 partes	Nombra y señala 1 parte que se le indican	Nombra y señala 2 partes que se le indican	Nombra y señala 3 partes que se le indican	Nombra y señala todas las partes que se le indican
EF02.01.02	Descubre las distintas posibilidades motrices que le ofrecen sus partes corporales.	No mueve lo que se le pide	Realiza 1 prueba bien	Realiza 2 pruebas bien	Realiza 3 pruebas bien	Realiza todas las pruebas bien
EF02.01.03	Moviliza las distintas partes corporales respondiendo a las exigencias de diferentes tareas propuestas.					
EF02.02.01	Se inicia en la diferenciación entre derecha e izquierda.	Realiza todas las pruebas mal	Realiza 1 prueba bien	Realiza 2 pruebas bien	Realiza 3 pruebas bien	Realiza todas las pruebas bien
EF02.02.02	Toma conciencia de la situación de la derecha y la izquierda en lados opuestos.	Realiza todas las pruebas mal	Realiza 1 prueba bien	Realiza 2 pruebas bien	Realiza 3 pruebas bien	Realiza todas las pruebas bien

1º PRIMARIA – RÚBRICA
PERCEPCIÓN TEMPORAL – PRUEBA PRÁCTICA

La 1ª Prueba Práctica consistirá en recorrer el espacio que se solicita orientándose bien con respecto a lo que se indica: desplazarse hasta un cono, carrera de relevos, circuito...

La 2ª prueba consistirá en la respuesta motriz del alumno ante diferentes estímulos visuales y auditivos.

ESTÁNDAR		NIVEL 1 NO ACEPTABLE	NIVEL 2 ACEPTABLE	NIVEL 3 BUENO	NIVEL 4 MUY BUENO	NIVEL 5 EXCELENTE
EF02.04.03	Reproduce un ritmo sencillo dado a partir de diferentes habilidades motrices básicas, utilizando su cuerpo y/u objetos e/o implementos.	No se adapta al ritmo dado	Sigue el ritmo dado de forma aceptable.	Se adapta bien al ritmo dado	Se adapta muy bien al ritmo dado	Se adapta al ritmo dado de forma excelente
EF02.04.04	Adapta su movimiento corporal al ritmo marcado por la música.					
EF02.05.04	Da respuestas motrices ante estímulos sensoriales visuales, auditivos, táctiles y kinestésicos que pueden suponer condicionamiento de la acción motriz.	Realiza todas las pruebas mal	Realiza 1 prueba bien	Realiza 2 pruebas bien	Realiza 3 pruebas bien	Realiza todas las pruebas bien

1º PRIMARIA – RÚBRICA
EQUILIBRIO – PRUEBA PRÁCTICA

La Prueba Práctica consistirá en la superación de un circuito de equilibrio adaptado al nivel del alumnado: Desplazamiento sobre banco sueco, banco sueco invertido, superación de obstáculos, desplazamiento sobre ladrillos, sobre superficies móviles…

El nivel conseguido se basará en la rapidez y la cantidad de apoyos en el suelo que se realice en dicho circuito.

ESTÁNDAR		NIVEL 1 NO ACEPTABLE	NIVEL 2 ACEPTABLE	NIVEL 3 BUENO	NIVEL 4 MUY BUENO	NIVEL 5 EXCELENTE
EF02.05.02	Responde de forma adaptada ante las exigencias de diversidad de situaciones, mostrando control de la actitud tónica para equilibrarse.	Lento y con apoyos constantes en el suelo	Velocidad lenta y realiza 3 apoyos en el suelo	Velocidad media realiza 2 apoyos	Velocidad media y realiza un apoyo	Velocidad normal y sin ningún apoyo

1º PRIMARIA – RÚBRICA
DESPLAZAMIENTOS – PRUEBA PRÁCTICA

ESTÁNDAR		NIVEL 1	NIVEL 2	NIVEL 3	NIVEL 4	NIVEL 5
		NO ACEPTABLE	ACEPTABLE	BUENO	MUY BUENO	EXCELENTE
EF02.04.05	Aplica diferentes habilidades motrices de forma correcta y adaptada en cuanto a los tiempos de ejecución necesarios para obtener el resultado deseado.	REALIZA MAL CASI TODAS LAS PARTES DEL CIRCUITO, Y A VELOCIDAD POCO ADECUADA	REALIZA POCAS PARTES DEL CIRCUITO DE FORMA CORRECTA Y DE MANERA LENTA	REALIZA VARIAS PARTES DEL CIRCUITO DE FORMA CORRECTA, A VELOCIDAD NORMAL	REALIZA CASI TODO EL CIRCUITO DE FORMA CORRECTA Y CON BUENA VELOCIDAD	REALIZA TODO EL CIRCUITO DE FORMA CORRECTA Y CON RAPIDEZ

La Prueba Práctica consistirá en la superación de un circuito de DESPLAZAMIENTOS adaptado al nivel del alumnado: saltos, desplazamientos de frente, espaldas, zig-zag, reptaciones, trepas, cuadrupedia...

7. EDUCACIÓN FÍSICA EN 2º DE EDUCACIÓN PRIMARIA

7.1. TEMPORALIZACIÓN ANUAL DE UNIDADES DIDÁCTICAS

Las Unidades Didácticas de E.F. que se desarrollarán a lo largo del curso en 2º de Educación Primaria, así como la temporalización de las mismas a lo largo de los tres trimestres, es la siguiente (similar a la del primer curso):

		1º TRIMESTRE	2º TRIMESTRE	3º TRIMESTRE
UNIDADES DIDÁCTICAS	1	EVALUACIÓN INICIAL SEPTIEMBRE		
	2	ESQUEMA CORPORAL LATERALIDAD OCTUBRE		
	3	PERCEPCIÓN ESPACIAL OCT-NOV		
	4	PERCEPCIÓN TEMPORAL NOVIEMBRE		
	5	EQUILIBRIO DICIEMBRE		
	6		DESPLAZAMIENTOS ENERO	
	7		SALTOS Y GIROS FEBRERO	
	8		LANZAMIENTOS Y RECEPCIONES (COORDINACIONES) MARZO	
	9			JUEGOS POPULARES ABRIL
	10			DEPORTES ALTERNATIVOS MAYO
	11			EXPRESIÓN CORPORAL JUNIO
	12	HIGIENE Y SALUD – TODO EL CURSO		

7.2. DISTRIBUCIÓN DE ESTÁNDARES DE APRENDIZAJE POR UNIDAD DIDÁCTICA

Al igual que en primero, en la siguiente tabla se muestran los Estándares de Aprendizaje de Educación Física de 2º repartidos a lo largo de todo el curso escolar, por trimestre y divididos en 12 Unidades Didácticas.

Todos los estándares de aprendizaje se evalúan al menos una vez a lo largo del curso. No obstante, hay estándares que se evalúan en varias unidades, incluso hay estándares que están continuamente evaluándose, ya que se encuentran recogidos en todas las unidades, fundamentalmente son estándares que evalúan comportamientos y actitudes.

Además, basándonos en la **Resolución del 11/03/2015,** en esta tabla se señala la ponderación de cada estándar y la competencia clave con la que se asocia, así como el instrumento de evaluación con el que se evalúa dicho estándar.

EDUCACIÓN FÍSICA - 2º DE PRIMARIA

		P	CC	PRIMER TRIMESTRE						SEGUNDO TRIMESTRE				TERCER TRIMESTRE				TODO EL CURSO	INSTRUMENTOS DE EVALUACIÓN
				UD1	UD2	UD3	UD4	UD5		UD6	UD7	UD8		UD9	UD10	UD11		UD12	
EF01.01.01	Reacciona ante sensaciones que la actividad física puede producir en su organismo: calor, fatiga, sed, dolor.	B	AA															X	Observación/ Seguimiento
EF01.01.02	Adapta la intensidad de su esfuerzo al tiempo de duración de la tarea.	I	AA				X												Observación/ Seguimiento
EF01.02.01	Conoce aspectos básicos sobre el funcionamiento del proceso respiratorio en relación con la actividad física.	B	CM		X														Observación/ Seguimiento
EF01.02.02	Reconoce y diferencia entre inspiración, espiración y momento de reposo.	I	CM		X														Observación/ Seguimiento
EF01.02.03	Controla a voluntad las fases respiratorias.	A	CM		X														Observación/ Seguimiento
EF01.02.04	Diferencia entre respiración nasal y bucal.	I	CM		X														Observación/ Seguimiento
EF01.03.01	Consigue, tras la relajación y vuelta a la calma, regresar a un estado que le permita continuar con su actividad diaria.	I	AA															X	Observación/ Seguimiento
EF01.04.01	Conoce los beneficios que aporta la correcta realización de actividad física sobre la salud.	A	CS															X	Prueba Oral
EF01.04.02	Respeta los hábitos alimenticios saludables y sabe argumentar su importancia.	A	CS															X	Hoja Registro Aula
EF01.04.03	Muestra corrección postural a la hora de realizar cargas con materiales y compañeros, así como en el desarrollo de posturas sentados, de pie y en cuadrupedia en el desarrollo de distintas tareas.	A	AA															X	Observación/ Seguimiento
EF01.04.04	Hace uso adecuado del calentamiento como paso previo a la práctica de actividad física.	B	AA															X	Observación/ Seguimiento

		P	CC	UD1	UD2	UD3	UD4	UD5	UD6	UD7	UD8	UD9	UD10	UD11	UD12	INSTRUMENTOS DE EVALUACIÓN
				PRIMER TRIMESTRE					SEGUNDO TRIMESTRE			TERCER TRIMESTRE			TODO EL CURSO	
EF01.04.05	Muestra una mejora global de la resistencia cardiovascular.	B	CM												X	Observación/ Seguimiento
EF01.05.01	Hace uso correcto y autónomo de los instrumentos de higiene corporal tras la clase, como parte de su rutina.	B	SI	X	X	X	X	X	X	X	X	X	X	X		Registro
EF01.05.02	Evita conductas de riesgo en relación con la práctica de actividad física fruto de la toma de conciencia sobre los riesgos que pueden derivarse de la misma.	I	CS												X	Observación/ Seguimiento
EF01.05.03	Entiende y valora la práctica de actividad física en relación con el estilo de vida saludable.	B	CS												X	Observación/ Seguimiento
EF02.01.01	Localiza y verbaliza diferentes partes de su propio cuerpo y del cuerpo de otros.	B	CM		X											Prueba práctica
EF02.01.02	Descubre las distintas posibilidades motrices que le ofrecen sus partes corporales.	B	CM		X											Prueba práctica
EF02.01.03	Moviliza las distintas partes corporales respondiendo a las exigencias de diferentes tareas propuestas.	B	AA		X											Prueba práctica
EF02.02.01	Se inicia en la diferenciación entre derecha e izquierda.	B	CM		X											Prueba práctica
EF02.02.02	Toma conciencia de la situación de la derecha y la izquierda en lados opuestos.	B	CM		X											Prueba práctica
EF02.03.01	Utiliza las relaciones topológicas y proyectivas de forma adaptada para orientarse en el espacio.	B	AA			X										Observación/ Seguimiento
EF02.03.02	Desarrolla actividades motrices simples a partir de las relaciones topológicas.	B	CM			X										Observación/ Seguimiento
EF02.03.03	Distingue, sitúa y distribuye objetos y personas en el espacio.	I	CM			X										Prueba Practica
EF02.04.01	Organiza y ordena diferentes acciones motrices y acontecimientos diarios y sus fases de acuerdo a su desarrollo correcto, lógico y coherente.	I	AA				X									Observación/ Seguimiento

EVALUACIÓN DE LA EDUCACIÓN FÍSICA 1º Y 2º CURSO DE EDUCACIÓN PRIMARIA

			PRIMER TRIMESTRE					SEGUNDO TRIMESTRE			TERCER TRIMESTRE			TODO EL CURSO	INSTRUMENTOS DE EVALUACIÓN
	P	CC	UD1	UD2	UD3	UD4	UD5	UD6	UD7	UD8	UD9	UD10	UD11	UD12	
EF02.04.02 Utiliza correctamente la duración física de los acontecimientos (tiempo dedicado a los mismos y cada una de sus fases componentes).	I	AA				X									Observación/ Seguimiento
EF02.04.03 Comprende la noción de velocidad.	I	CM				X									Observación/ Seguimiento
EF02.04.04 Reproduce ritmos sencillos dados a partir de diferentes habilidades motrices básicas, utilizando su cuerpo y/u objetos e/o implementos.	B	CC				X							X		Observación/ Seguimiento
EF02.04.05 Sincroniza su movimiento corporal con el ritmo musical.	I	CC				X							X		Observación/ Seguimiento
EF02.04.06 Aplica diferentes habilidades motrices de forma correcta y adaptada en cuanto a los tiempos de ejecución necesarios para obtener el resultado deseado.	B	AA						X	X	X					Prueba Práctica
EF02.05.01 Reacciona ante sensaciones que la actividad física puede producir en su organismo: calor, fatiga, sed, dolor.	B	CM												X	Observación/ Seguimiento
EF02.05.02 Adapta la intensidad de su esfuerzo al tiempo de duración de la tarea.	I	AA				X									Observación/ Seguimiento
EF02.05.03 Responde de forma adaptada ante las exigencias de diversidad de situaciones, mostrando control de la actitud tónica para equilibrarse.	B	AA					X								Observación/ Seguimiento
EF02.05.04 Da respuestas motrices ante estímulos sensoriales visuales, auditivos, táctiles y kinestésicos que pueden suponer condicionamiento de la acción motriz.	B	CM				X									Prueba Práctica
EF02.06.01 Conoce aspectos básicos sobre el funcionamiento del proceso respiratorio en relación con la actividad física.	B	CM		X											Observación/ Seguimiento
EF02.06.02 Reconoce y diferencia entre inspiración, espiración y momento de reposo.	I	CM		X											Observación/ Seguimiento

			PRIMER TRIMESTRE					SEGUNDO TRIMESTRE				TERCER TRIMESTRE			TODO EL CURSO	INSTRUMENTOS DE EVALUACIÓN
	P	CC	UD1	UD2	UD3	UD4	UD5	UD6	UD7	UD8	UD9	UD10	UD11	UD12	
EF02.06.03	A	CM		X											Observación/Seguimiento
EF02.06.04	I	CM		X											Observación/Seguimiento
EF02.07.01	I	AA		X											Observación/Seguimiento
EF02.07.02	I	AA		X											Observación/Seguimiento
EF02.07.03	I	CM												X	Observación/Seguimiento
EF02.08.01	B	CM						X	X	X					Prueba Practica
EF02.08.02	B	CM						X	X	X					Observación/Seguimiento
EF02.08.03	I	SI						X	X	X					Observación/Seguimiento
EF02.08.04	I	AA			X	X									Observación/Seguimiento
EF02.09.01	I	CC											X		Observación/Seguimiento
EF02.09.02	B	CC											X		Observación/Seguimiento
EF02.09.03	I	CL											X		Observación/Seguimiento
EF02.09.04	B	SI											X		Observación/Seguimiento

- EF02.06.03 Controla a voluntad las fases respiratorias.
- EF02.06.04 Diferencia entre respiración nasal y bucal.
- EF02.07.01 Reconoce el momento de relajación y vuelta a la calma como parte importante de la clase.
- EF02.07.02 Mantiene la quietud, la calma y el silencio durante las actividades vinculadas a la relajación que así lo requieran.
- EF02.07.03 Consigue, tras la relajación y vuelta a la calma, regresar a un estado que le permita continuar con su actividad diaria.
- EF02.08.01 Utiliza las habilidades motrices básicas y sus combinaciones para dar soluciones variadas a los diferentes problemas planteados.
- EF02.08.02 Explora la diversidad de posibilidades motrices a su alcance.
- EF02.08.03 Realiza un uso lógico y coherente a la vez que creativo de las diferentes habilidades motrices básicas.
- EF02.08.04 Ajusta su movimiento a los condicionantes espaciales y temporales de las tareas.
- EF02.09.01 Participa sin reticencias en juegos dramáticos, mimo, representaciones, imitaciones y bailes, llegando a coreografiar de forma sencilla.
- EF02.09.02 Hace uso de los elementos del esquema corporal como medio de expresión.
- EF02.09.03 Es capaz de expresar lo que siente en cada momento, de forma adaptada al contexto y situación en que se encuentra.
- EF02.09.04 Es espontáneo y creativo.

EVALUACIÓN DE LA EDUCACIÓN FÍSICA 1º Y 2º CURSO DE EDUCACIÓN PRIMARIA

		P	CC	PRIMER TRIMESTRE					SEGUNDO TRIMESTRE				TERCER TRIMESTRE			TODO EL CURSO	INSTRUMENTOS DE EVALUACIÓN
				UD1	UD2	UD3	UD4	UD5	UD6	UD7	UD8	UD9	UD10	UD11	UD12	
EF02.10.01	Participa de forma activa y con interés en las diferentes propuestas que se plantean.	B	SI	X	X	X	X	X	X	X	X	X	X	X		Registro
EF02.10.02	Conoce y respeta las normas de clase que emanan del grupo (clase y centro).	B	CS	X	X	X	X	X	X	X	X	X	X	X		Registro
EF02.10.03	Respeta las normas establecidas para las distintas tareas propuestas como fundamentales y necesarias para el correcto desarrollo de la clase.	B	CS	X	X	X	X	X	X	X	X	X	X	X		Registro
EF02.10.04	Asiste a clase puntualmente.	B	CS	X	X	X	X	X	X	X	X	X	X	X		Registro
EF02.10.05	Acude a clase con el material necesario para el correcto, seguro y saludable desarrollo de lo establecido en el área.	B	CS	X	X	X	X	X	X	X	X	X	X	X		Registro
EF02.10.06	Trata de forma correcta a sus compañeros obviando el rechazo y la discriminación por la razón que fuese.	B	CS	X	X	X	X	X	X	X	X	X	X	X		Registro
EF02.10.07	Trata de forma correcta al docente obviando el rechazo y la discriminación por la razón que fuese.	B	CS	X	X	X	X	X	X	X	X	X	X	X		Registro
EF02.10.08	Hace un uso correcto y seguro de los recursos y espacios disponibles.	I	CS	X	X	X	X	X	X	X	X	X	X	X		Registro
EF02.11.01	Conoce parte de la cultura lúdica de Castilla - La Mancha y otros contextos.	I	CC									X				Prueba Escrita
EF02.11.02	Participa con interés en prácticas motrices populares, autóctonas y/o tradicionales propias de su entorno más cercano así como de otros contextos en diversidad de medios.	B	CC									X				Observación/ Seguimiento
EF02.11.03	Valora las diferentes propuestas como parte importante de la cultura.	A	CC									X				Prueba Práctica
EF02.11.04	Participa activamente en propuestas lúdicas de entornos urbanos y naturales.	B	CC									X	X			Observación/ Seguimiento

7.3. DESARROLLO DE LAS 12 UNIDADES DIDÁCTICAS

En las siguientes tablas se desarrollan las 12 Unidades Didácticas de las cuales se compone el curso escolar de E.F. en 2º de Educación Primaria. En cada una de ellas se especifican los siguientes elementos:

- ✓ Nº Unidad Didáctica y Título
- ✓ Curso: 2º de Educación Primaria
- ✓ Nº de alumnos/as (sin especificar)
- ✓ Nº de sesiones (orientativo)
- ✓ Temporalización: Trimestre/Mes
- ✓ Objetivos de Etapa con los que mayor relación tiene la U.D.
- ✓ Metodología utilizada a lo largo de la U.D.
- ✓ Recursos: Instalaciones y materiales utilizados.
- ✓ Tipos de actividades.
- ✓ Contenidos a desarrollar en la U.D. (basados en el D.54/2014)
- ✓ Estándares de aprendizaje: De ellos se especifica:
    - Nomenclatura
    - Ponderación: Básico, intermedio o avanzado
    - Competencia Clave asociada
    - Instrumento de Evaluación

Se debe tener en cuenta que todos estos datos son orientativos y que cada maestro debe adaptar los diferentes elementos de cada U.D. a sus propias características, a las del centro y a las de sus propios alumnos/as. De este modo, dentro de su autonomía puede modificar las Unidades Didácticas, su temporalización, así como los estándares de aprendizaje a trabajar en cada trimestre o en cada Unidad.

Por último, después del desarrollo de cada U.D. encontramos la **"Ficha de seguimiento de la U.D.",** la cual nos servirá de ayuda para la evaluación de cada estándar de aprendizaje para cada uno de los alumnos/as. En ella se evaluará cada estándar del 1 al 5 (siendo 1 no conseguido y 5 el nivel máximo). Por último, como ya se comentó anteriormente, estos valores se trasladarán al programa *"Evalúa"* para de este modo obtener la calificación de cada alumno/a.

EVALUACIÓN DE LA EDUCACIÓN FÍSICA 1º Y 2º CURSO DE EDUCACIÓN PRIMARIA

U.D. Nº 1	CURSO: 2º	Alumnos:	9 SESIONES	PRIMER TRIMESTRE	SEPTIEMBRE
OBJETIVOS DE ETAPA	K, B, M, A, C y J		METODOLOGÍA	DESCUBRIMIENTO GUIADO RESOLUCIÓN DE PROBLEMAS LIBRE EXPLORACIÓN	**EVALUACIÓN INICIAL**
RECURSOS: Instalaciones y material	Pabellón polideportivo. Pelotas, petos, conos, cuerdas, aros, fichas,…		ACTIVIDADES	- Juegos cooperativos - Dinámicas de grupo - Gymkhanas	
CONTENIDOS	Uso de recursos adecuados para la práctica de actividad física. Movilidad corporal orientada a la salud. Disposición favorable a participar en las tareas vinculadas a la higiene y la salud propuestas. Reconocimiento y valoración hacia las personas que participan en el juego. Relaciones sociales. Compresión y cumplimiento de las reglas de juego. Valoración de su funcionalidad. Valoración del juego como medio de disfrute y de relación con los demás. Disposición favorable a participar en actividades diversas aceptando las diferencias en el nivel de habilidad. Desarrollo del pensamiento, imaginación y creatividad.				

	ESTÁNDARES DE APRENDIZAJE	P	CC	INSTRUMENTOS DE EVALUACIÓN
EF01.05.01	Hace uso correcto y autónomo de los instrumentos de higiene corporal tras la clase, aunque necesite ser dirigido.	B	SI	Registro
EF02.10.01	Participa de forma activa y con interés en las diferentes propuestas que se plantean.	B	SI	Registro
EF02.10.02	Conoce y respeta las normas de clase que emanan del grupo (clase y centro).	B	CS	Registro
EF02.10.03	Respeta las normas establecidas para las distintas tareas propuestas como fundamentales y necesarias para el correcto desarrollo de la clase.	B	CS	Registro
EF02.10.04	Asiste a clase puntualmente.	B	CS	Registro
EF02.10.05	Acude a clase con el material necesario para el correcto, seguro y saludable desarrollo de lo establecido en el área.	B	CS	Registro
EF02.10.06	Trata de forma correcta a sus compañeros obviando el rechazo y la discriminación por la razón que fuese.	B	CS	Registro
EF02.10.07	Trata de forma correcta al docente obviando el rechazo y la discriminación por la razón que fuese.	B	CS	Registro
EF02.10.08	Hace un uso correcto y seguro de los recursos y espacios disponibles.	I	CS	Registro

FICHA DE SEGUIMIENTO DE LA U.D.1

Unidad Didáctica Nº: 1	EVALUACIÓN INICIAL	CURSO	2º

ALUMNADO	ESTÁNDARES	EF01.05.01	EF02.10.01	EF02.10.02	EF02.10.03	EF02.10.04	EF02.10.05	EF02.10.06	EF02.10.07	EF02.10.08			
1													
2													
3													
4													
5													
6													
7													
8													
9													
10													
11													
12													
13													
14													
15													
16													
17													
18													
19													
20													

ASEO	1.5.1	A
Interés	2.10.1	I
Respeto (normas clase)	2.10.2	RNC
Respeto (normas juegos)	2.10.3	RNJ
Falta de Asistencia	2.10.4	F
Material (indumentaria)	2.10.5	M
Compañerismo	2.10.6	C
Respeto (docente)	2.10.7	RD
Comportamiento	2.10.8	C

NO CONSEGUIDO	ACEPTABLE	BUENO	MUY BUENO	EXCELENTE
1	2	3	4	5

EVALUACIÓN DE LA EDUCACIÓN FÍSICA 1º Y 2º CURSO DE EDUCACIÓN PRIMARIA

U.D. Nº 2	CURSO: 2º	Alumnos:	9 SESIONES	PRIMER TRIMESTRE	OCTUBRE	ESQUEMA CORPORAL Y LATERALIDAD
OBJETIVOS DE ETAPA	K, B, M, A, C		METODOLOGÍA	DESCUBRIMIENTO GUIADO RESOLUCIÓN DE PROBLEMAS LIBRE EXPLORACIÓN		
RECURSOS: Instalaciones y material	Pabellón polideportivo. Pelotas, pañuelos, balones, petos de colores, conos, picas, aros, cuerdas, pelotas, colchonetas, fichas, bancos suecos....			ACTIVIDADES	Juegos de lateralidad Juegos para controlar las diferentes partes del cuerpo y para desarrollar la concienciación segmentaria y global del cuerpo. Juegos de respiración y el tono muscular.	
CONTENIDOS	Uso de recursos adecuados para la práctica de actividad física. Movilidad corporal orientada a la salud. Conciencia y respeto de la realidad corporal propia y de los demás. Fijación de la lateralidad. Discriminación de ambos lados corporales. Situación de las extremidades. Partes corporales, situación e intervención en el movimiento. Disfrute mediante la expresión a través del propio cuerpo.					

	ESTÁNDARES DE APRENDIZAJE	P	CC	INSTRUMENTOS DE EVALUACIÓN
EF01.05.01	Hace uso correcto y autónomo de los instrumentos de higiene corporal tras la clase, aunque necesite ser dirigido.	B	SI	Registro
EF02.10.01	Participa de forma activa y con interés en las diferentes propuestas que se plantean.	B	SI	Registro
EF02.10.02	Conoce y respeta las normas de clase que emanan del grupo (clase y centro).	B	CS	Registro
EF02.10.03	Respeta las normas establecidas para las distintas tareas propuestas como fundamentales y necesarias para el correcto desarrollo de la clase.	B	CS	Registro
EF02.10.04	Asiste a clase puntualmente.	B	CS	Registro
EF02.10.05	Acude a clase con el material necesario para el correcto, seguro y saludable desarrollo de lo establecido en el área.	B	CS	Registro
EF02.10.06	Trata de forma correcta a sus compañeros obviando el rechazo y la discriminación por la razón que fuese.	B	CS	Registro
EF02.10.07	Trata de forma correcta al docente obviando el rechazo y la discriminación por la razón que fuese.	B	CS	Registro
EF02.10.08	Hace un uso correcto y seguro de los recursos y espacios disponibles.	I	CS	Registro
EF01.02.01	Conoce aspectos básicos sobre el funcionamiento del proceso respiratorio en relación con la actividad física.	B	CM	Observación/Seguimiento
EF01.02.02	Reconoce y diferencia entre inspiración, espiración y momento de reposo.	I	CM	Observación/Seguimiento
EF01.02.03	Controla a voluntad las fases respiratorias.	A	CM	Observación/Seguimiento
EF01.02.04	Diferencia entre respiración nasal y bucal.	I	CM	Observación/Seguimiento

U.D. Nº 2	CURSO: 2º	Alumnos:	9 SESIONES	PRIMER TRIMESTRE	OCTUBRE		ESQUEMA CORPORAL Y LATERALIDAD
OBJETIVOS DE ETAPA	K, B, M, A, C		METODOLOGÍA	DESCUBRIMIENTO GUIADO RESOLUCIÓN DE PROBLEMAS LIBRE EXPLORACIÓN			
EF02.01.01	Localiza y verbaliza diferentes partes de su propio cuerpo y del cuerpo de otros.				B	CM	Prueba práctica
EF02.01.02	Descubre las distintas posibilidades motrices que le ofrecen sus partes corporales.				B	CM	Prueba práctica
EF02.01.03	Moviliza las distintas partes corporales respondiendo a las exigencias de diferentes tareas propuestas.				B	AA	Prueba práctica
EF02.02.01	Se inicia en la diferenciación entre derecha e izquierda.				B	CM	Prueba práctica
EF02.02.02	Toma conciencia de la situación de la derecha y la izquierda en lados opuestos.				B	CM	Prueba práctica
EF02.07.01	Reconoce el momento de relajación y vuelta a la calma como parte importante de la clase.				I	AA	Observación/ Seguimiento
EF02.07.02	Mantiene la quietud, la calma y el silencio durante las actividades vinculadas a la relajación que así lo requieran.				I	AA	Observación/ Seguimiento

FICHA DE SEGUIMIENTO DE LA U.D.2

Unidad Didáctica Nº: 2	ESQUEMA CORPORAL Y LATERALIDAD	CURSO	2º

ALUMNADO	ESTÁNDARES	EF01.05.01	EF02.10.01	EF02.10.02	EF02.10.03	EF02.10.04	EF02.10.05	EF02.10.06	EF02.10.07	EF02.10.08	EF01.02.01	EF01.02.02	EF01.02.03	EF01.02.04	EF02.01.01	EF02.01.02	EF02.01.03	EF02.02.01	EF02.02.02	EF02.07.01	EF02.07.02
1																					
2																					
3																					
4																					
5																					
6																					
7																					
8																					
9																					
10																					
11																					
12																					
13																					
14																					
15																					
16																					
17																					
18																					
19																					
20																					

ASEO	1.5.1	A
Interés	2.10.1	I
Respeto (normas clase)	2.10.2	RNC
Respeto (normas juegos)	2.10.3	RNJ
Falta de Asistencia	2.10.4	F
Material (indumentaria)	2.10.5	M
Compañerismo	2.10.6	C
Respeto (docente)	2.10.7	RD
Comportamiento	2.10.8	C

NO CONSEGUIDO	ACEPTABLE	BUENO	MUY BUENO	EXCELENTE
1	2	3	4	5

U.D. Nº 3	CURSO: 2º	Alumnos:	8 SESIONES	PRIMER TRIMESTRE	OCTUBRE - NOVIEMBRE	**PERCEPCIÓN ESPACIAL**
OBJETIVOS DE ETAPA	K, B, M, A, C			METODOLOGÍA	DESCUBRIMIENTO GUIADO RESOLUCIÓN DE PROBLEMAS LIBRE EXPLORACIÓN	
RECURSOS: Instalaciones y material	Pañuelos, fichas, bancos suecos, conos, picas, aros, cuerdas, pelotas, colchonetas, petos ...			ACTIVIDADES	Exploración del espacio a través de juegos lúdicos. Afianzamiento de las nociones topológicas básicas. Juegos con cambios de direcciones, distancias, velocidades y trayectorias.	
CONTENIDOS	Adquisición de hábitos básicos de higiene corporal, de práctica de actividad física, alimentación, tonicidad postural y de acción, calentamiento y utilización de recursos, relacionados con la actividad física. Identificación de formas y posibilidades de movimiento. Experimentación de diferentes formas de la ejecución de la diversidad de desplazamientos (naturales y construidos), y habilidades que impliquen manejo de objetos. Diferentes patrones locomotores y diferentes velocidades. Diversidad de condicionantes en su ejecución (apoyos, segmentos, superficies, altura, base de sustentación, trayectorias.					
	ESTÁNDARES DE APRENDIZAJE				P	CC	INSTRUMENTOS DE EVALUACIÓN

	ESTÁNDARES DE APRENDIZAJE	P	CC	INSTRUMENTOS DE EVALUACIÓN
EF01.05.01	Hace uso correcto y autónomo de los instrumentos de higiene corporal tras la clase, aunque necesite ser dirigido.	B	SI	Registro
EF02.10.01	Participa de forma activa y con interés en las diferentes propuestas que se plantean.	B	SI	Registro
EF02.10.02	Conoce y respeta las normas de clase que emanan del grupo (clase y centro).	B	CS	Registro
EF02.10.03	Respeta las normas establecidas para las distintas tareas propuestas como fundamentales y necesarias para el correcto desarrollo de la clase.	B	CS	Registro
EF02.10.04	Asiste a clase puntualmente.	B	CS	Registro
EF02.10.05	Acude a clase con el material necesario para el correcto, seguro y saludable desarrollo de lo establecido en el área.	B	CS	Registro
EF02.10.06	Trata de forma correcta a sus compañeros obviando el rechazo y la discriminación por la razón que fuese.	B	CS	Registro
EF02.10.07	Trata de forma correcta al docente obviando el rechazo y la discriminación por la razón que fuese.	B	CS	Registro
EF02.10.08	Hace un uso correcto y seguro de los recursos y espacios disponibles.	I	CS	Registro
EF02.03.01	Utiliza las relaciones topológicas y proyectivas de forma adaptada para orientarse en el espacio.	B	AA	Observación/ Seguimiento
EF02.03.02	Desarrolla actividades motrices simples a partir de las relaciones topológicas.	B	CM	Observación/ Seguimiento
EF02.03.03	Distingue, sitúa y distribuye objetos y personas en el espacio.	I	CM	Prueba Practica
EF02.08.04	Ajusta su movimiento a los condicionantes espaciales y temporales de las tareas.	I	AA	Observación/ Seguimiento

FICHA DE SEGUIMIENTO DE LA U.D.3

Unidad Didáctica Nº: 3	PERCEPCIÓN ESPACIAL	CURSO	2º

ALUMNADO	ESTÁNDARES	EF01.05.01	EF02.10.01	EF02.10.02	EF02.10.03	EF02.10.04	EF02.10.05	EF02.10.06	EF02.10.07	EF02.10.08	EF02.03.01	EF02.03.02	EF02.03.03	EF02.08.04	
1															
2															
3															
4															
5															
6															
7															
8															
9															
10															
11															
12															
13															
14															
15															
16															
17															
18															
19															
20															

ASEO	1.5.1	A
Interés	2.10.1	I
Respeto (normas clase)	2.10.2	RNC
Respeto (normas juegos)	2.10.3	RNJ
Falta de Asistencia	2.10.4	F
Material (indumentaria)	2.10.5	M
Compañerismo	2.10.6	C
Respeto (docente)	2.10.7	RD
Comportamiento	2.10.8	C

NO CONSEGUIDO	ACEPTABLE	BUENO	MUY BUENO	EXCELENTE
1	2	3	4	5

U.D. Nº 4	CURSO: 2º	Alumnos: —	8 SESIONES	PRIMER TRIMESTRE	NOVIEMBRE	PERCEPCIÓN TEMPORAL
OBJETIVOS DE ETAPA	K, B, M, A, C		METODOLOGÍA	DESCUBRIMIENTO GUIADO RESOLUCIÓN DE PROBLEMAS LIBRE EXPLORACIÓN		
RECURSOS: Instalaciones y material	Pañuelos, fichas, bancos suecos, conos, picas, aros, cuerdas, pelotas, colchonetas, petos …			ACTIVIDADES	Juegos adaptando nuestro movimiento al desplazamiento de los compañeros. Juegos de seguir ritmos. Practica de danzas y bailes populares.	
CONTENIDOS	Adquisición de hábitos básicos de higiene corporal, de práctica de actividad física, alimentación, tonicidad postural y de acción, calentamiento y utilización de recursos, relacionados con la actividad física. Identificación de formas y posibilidades de movimiento. Experimentación de diferentes formas de la ejecución de la diversidad de desplazamientos (naturales y construidos), y habilidades que impliquen manejo de objetos. Diferentes patrones locomotores y diferentes velocidades. Diversidad de condicionantes en su ejecución (apoyos, segmentos, superficies, altura, base de sustentación, trayectorias,					

	ESTÁNDARES DE APRENDIZAJE	P	CC	INSTRUMENTOS DE EVALUACIÓN
EF01.05.01	Hace uso correcto y autónomo de los instrumentos de higiene corporal tras la clase, aunque necesite ser dirigido.	B	SI	Registro
EF02.10.01	Participa de forma activa y con interés en las diferentes propuestas que se plantean.	B	SI	Registro
EF02.10.02	Conoce y respeta las normas de clase que emanan del grupo (clase y centro).	B	CS	Registro
EF02.10.03	Respeta las normas establecidas para las distintas tareas propuestas como fundamentales y necesarias para el correcto desarrollo de la clase.	B	CS	Registro
EF02.10.04	Asiste a clase puntualmente.	B	CS	Registro
EF02.10.05	Acude a clase con el material necesario para el correcto, seguro y saludable desarrollo de lo establecido en el área.	B	CS	Registro
EF02.10.06	Trata de forma correcta a sus compañeros obviando el rechazo y la discriminación por la razón que fuese.	B	CS	Registro
EF02.10.07	Trata de forma correcta al docente obviando el rechazo y la discriminación por la razón que fuese.	B	CS	Registro
EF02.10.08	Hace un uso correcto y seguro de los recursos y espacios disponibles.	I	CS	Registro
EF01.01.02	Adapta la intensidad de su esfuerzo al tiempo de duración de la tarea.	I	AA	Observación/ Seguimiento
EF02.04.01	Organiza y ordena diferentes acciones motrices y acontecimientos diarios y sus fases de acuerdo a su desarrollo correcto, lógico y coherente.	I	AA	Observación/ Seguimiento
EF02.04.02	Utiliza correctamente la duración física de los acontecimientos (tiempo dedicado a los mismos y cada una de sus fases componentes).	I	AA	Observación/ Seguimiento
EF02.04.03	Comprende la noción de velocidad.	I	CM	Observación/ Seguimiento

EVALUACIÓN DE LA EDUCACIÓN FÍSICA 1º Y 2º CURSO DE EDUCACIÓN PRIMARIA

U.D. Nº 4	CURSO: 2º	Alumnos: ___	8 SESIONES	PRIMER TRIMESTRE	NOVIEMBRE			
OBJETIVOS DE ETAPA	K, B, M, A, C		METODOLOGÍA	DESCUBRIMIENTO GUIADO RESOLUCIÓN DE PROBLEMAS LIBRE EXPLORACIÓN			PERCEPCIÓN TEMPORAL	
EF02.04.04	Reproduce ritmos sencillos dados a partir de diferentes habilidades motrices básicas, utilizando su cuerpo y/u objetos e/o implementos.					B	CC	Observación/ Seguimiento
EF02.04.05	Sincroniza su movimiento corporal con el ritmo musical.					I	CC	Observación/ Seguimiento
EF02.05.02	Adapta la intensidad de su esfuerzo al tiempo de duración de la tarea.					I	AA	Observación/ Seguimiento
EF02.05.04	Da respuestas motrices ante estímulos sensoriales visuales, auditivos, táctiles y kinestésicos que pueden suponer condicionamiento de la acción motriz.					B	CM	Prueba Práctica
EF02.08.04	Ajusta su movimiento a los condicionantes espaciales y temporales de las tareas.					I	AA	Observación/ Seguimiento

FICHA DE SEGUIMIENTO DE LA U.D.4

Unidad Didáctica Nº: 4	PERCEPCIÓN TEMPORAL	CURSO	2º

ALUMNADO	ESTÁNDARES	EF01.05.01	EF02.10.01	EF02.10.02	EF02.10.03	EF02.10.04	EF02.10.05	EF02.10.06	EF02.10.07	EF02.10.08	EF01.01.02	EF02.04.01	EF02.04.02	EF02.04.03	EF02.04.04	EF02.04.05	EF02.05.02	EF02.05.04	EF02.08.04
1																			
2																			
3																			
4																			
5																			
6																			
7																			
8																			
9																			
10																			
11																			
12																			
13																			
14																			
15																			
16																			
17																			
18																			
19																			
20																			

ASEO	1.5.1	A
Interés	2.10.1	I
Respeto (normas clase)	2.10.2	RNC
Respeto (normas juegos)	2.10.3	RNJ
Falta de Asistencia	2.10.4	F
Material (indumentaria)	2.10.5	M
Compañerismo	2.10.6	C
Respeto (docente)	2.10.7	RD
Comportamiento	2.10.8	C

NO CONSEGUIDO	ACEPTABLE	BUENO	MUY BUENO	EXCELENTE
1	2	3	4	5

EVALUACIÓN DE LA EDUCACIÓN FÍSICA 1º Y 2º CURSO DE EDUCACIÓN PRIMARIA

U.D. Nº 5	CURSO: 2º	Alumnos:	8 SESIONES	PRIMER TRIMESTRE	DICIEMBRE	
OBJETIVOS DE ETAPA	K, B, M, A, C		METODOLOGÍA	DESCUBRIMIENTO GUIADO RESOLUCIÓN DE PROBLEMAS LIBRE EXPLORACIÓN		EQUILIBRIO
RECURSOS: Instalaciones y material	Pabellón. Pañuelos, fichas, bancos suecos, conos, picas, aros, cuerdas, pelotas, colchonetas, bloques de psicomotricidad, zancos...		ACTIVIDADES		Juegos donde controlemos el cuerpo en situaciones de equilibrio. Equilibrios estáticos en el suelo, equilibrios con diferentes puntos de apoyo. Juegos de equilibrio dinámico, sobre superficies elevadas, con distintas partes del cuerpo.	
CONTENIDOS	Posibilidades sensoriales. Propiocepción: equilibrio estático y dinámico adaptado a diversidad de situaciones. Equilibrio con y sin objetos y post movimiento. Diversidad de posturas corporales. Interocepción en relación con la actividad física (calor, fatiga, sed, dolor). Exterocepción: experimentación, exploración y discriminación de las sensaciones visuales, auditivas y táctiles kinestésicas. Utilización de la percepción auditiva, visual y táctil kinestésica en la realización de actividades motrices como condicionantes de las mismas. Aspectos cualitativos del movimiento. Coordinación (dinámica general y óculo-segmentaria) y equilibrio en las distintas ejecuciones (estático y dinámico, con y sin objetos y post movimiento).					
ESTÁNDARES DE APRENDIZAJE				P	CC	INSTRUMENTOS DE EVALUACIÓN
EF01.05.01	Hace uso correcto y autónomo de los instrumentos de higiene corporal tras la clase, aunque necesite ser dirigido.			B	SI	Registro
EF02.10.01	Participa de forma activa y con interés en las diferentes propuestas que se plantean.			B	SI	Registro
EF02.10.02	Conoce y respeta las normas de clase que emanan del grupo (clase y centro).			B	CS	Registro
EF02.10.03	Respeta las normas establecidas para las distintas tareas propuestas como fundamentales y necesarias para el correcto desarrollo de la clase.			B	CS	Registro
EF02.10.04	Asiste a clase puntualmente.			B	CS	Registro
EF02.10.05	Acude a clase con el material necesario para el correcto, seguro y saludable desarrollo de lo establecido en el área.			B	CS	Registro
EF02.10.06	Trata de forma correcta a sus compañeros obviando el rechazo y la discriminación por la razón que fuese.			B	CS	Registro
EF02.10.07	Trata de forma correcta al docente obviando el rechazo y la discriminación por la razón que fuese.			B	CS	Registro
EF02.10.08	Hace un uso correcto y seguro de los recursos y espacios disponibles.			I	CS	Registro
EF02.05.03	Responde de forma adaptada ante las exigencias de diversidad de situaciones, mostrando control de la actitud tónica para equilibrarse.			B	AA	Observación/ Seguimiento

FICHA DE SEGUIMIENTO DE LA U.D.5

Unidad Didáctica Nº: 5	EQUILIBRIO	CURSO	2º

ALUMNADO	ESTÁNDARES	EF01.05.01	EF02.10.01	EF02.10.02	EF02.10.03	EF02.10.04	EF02.10.05	EF02.10.06	EF02.10.07	EF02.10.08	EF02.05.03			
1														
2														
3														
4														
5														
6														
7														
8														
9														
10														
11														
12														
13														
14														
15														
16														
17														
18														
19														
20														

ASEO	1.5.1	A
Interés	2.10.1	I
Respeto (normas clase)	2.10.2	RNC
Respeto (normas juegos)	2.10.3	RNJ
Falta de Asistencia	2.10.4	F
Material (indumentaria)	2.10.5	M
Compañerismo	2.10.6	C
Respeto (docente)	2.10.7	RD
Comportamiento	2.10.8	C

NO CONSEGUIDO	ACEPTABLE	BUENO	MUY BUENO	EXCELENTE
1	2	3	4	5

U.D. Nº 6	CURSO: 2º	Alumnos:	12 SESIONES	2º TRIMESTRE	ENERO	
OBJETIVOS DE ETAPA	K, B, M, A, C		METODOLOGÍA	DESCUBRIMIENTO GUIADO RESOLUCIÓN DE PROBLEMAS LIBRE EXPLORACIÓN		**DESPLAZAMIENTOS**
RECURSOS: Instalaciones y material	Pañuelos, fichas, bancos suecos, conos, picas, aros, cuerdas, pelotas, colchonetas, petos ...		ACTIVIDADES	Juegos con diferentes tipos de desplazamientos por el espacio. Desplazamientos con objetos. Desplazamientos en carrera con saltos y a distintos ritmos. Practica de desplazamientos en equipo.		
CONTENIDOS	Aspectos cualitativos del movimiento. Coordinación (dinámica general y óculo-segmentaria) y equilibrio en las distintas ejecuciones (estático y dinámico, con y sin objetos y post movimiento). Identificación de formas y posibilidades de movimiento. Experimentación de diferentes formas de la ejecución de la diversidad de desplazamientos (naturales y construidos), saltos (diferentes tipos y con coordinación de sus fases), giros en diferentes ejes (longitudinal y transversal) y planos (transversal y sagital) y habilidades que impliquen manejo y control de objetos. Diferentes patrones locomotores y diferentes velocidades. Diversidad de condicionantes en su ejecución (apoyos, segmentos, superficies, altura, base de sustentación, trayectorias, inclinaciones, materiales...).					
ESTÁNDARES DE APRENDIZAJE					P	CC	INSTRUMENTOS DE EVALUACIÓN

	ESTÁNDARES DE APRENDIZAJE	P	CC	INSTRUMENTOS DE EVALUACIÓN
EF01.05.01	Hace uso correcto y autónomo de los instrumentos de higiene corporal tras la clase, aunque necesite ser dirigido.	B	SI	Registro
EF02.10.01	Participa de forma activa y con interés en las diferentes propuestas que se plantean.	B	SI	Registro
EF02.10.02	Conoce y respeta las normas de clase que emanan del grupo (clase y centro).	B	CS	Registro
EF02.10.03	Respeta las normas establecidas para las distintas tareas propuestas como fundamentales y necesarias....	B	CS	Registro
EF02.10.04	Asiste a clase puntualmente.	B	CS	Registro
EF02.10.05	Acude a clase con el material necesario para el correcto, seguro y saludable desarrollo de lo establecido en el área.	B	CS	Registro
EF02.10.06	Trata de forma correcta a sus compañeros obviando el rechazo y la discriminación por la razón que fuese.	B	CS	Registro
EF02.10.07	Trata de forma correcta al docente obviando el rechazo y la discriminación por la razón que fuese.	B	CS	Registro
EF02.10.08	Hace un uso correcto y seguro de los recursos y espacios disponibles.	I	CS	Registro
EF02.04.06	Aplica diferentes habilidades motrices de forma correcta y adaptada en cuanto a los tiempos de ejecución	B	AA	Prueba Práctica
EF02.08.01	Utiliza las habilidades motrices básicas y sus combinaciones para dar soluciones variadas a los diferentes problemas planteados.	B	CM	Prueba Practica
EF02.08.02	Explora la diversidad de posibilidades motrices a su alcance.	B	CM	Observación/ Seguimiento
EF02.08.03	Realiza un uso lógico y coherente a la vez que creativo de las diferentes habilidades motrices básicas.	I	SI	Observación/ Seguimiento

FICHA DE SEGUIMIENTO DE LA U.D.6

Unidad Didáctica Nº: 6	DESPLAZAMIENTOS	CURSO	2º

ALUMNADO	ESTÁNDARES	EF01.05.01	EF02.10.01	EF02.10.02	EF02.10.03	EF02.10.04	EF02.10.05	EF02.10.06	EF02.10.07	EF02.10.08	EF02.04.06	EF02.08.01	EF02.08.02	EF02.08.03		
1																
2																
3																
4																
5																
6																
7																
8																
9																
10																
11																
12																
13																
14																
15																
16																
17																
18																
19																
20																

ASEO	1.5.1	A
Interés	2.10.1	I
Respeto (normas clase)	2.10.2	RNC
Respeto (normas juegos)	2.10.3	RNJ
Falta de Asistencia	2.10.4	F
Material (indumentaria)	2.10.5	M
Compañerismo	2.10.6	C
Respeto (docente)	2.10.7	RD
Comportamiento	2.10.8	C

NO CONSEGUIDO	ACEPTABLE	BUENO	MUY BUENO	EXCELENTE
1	2	3	4	5

EVALUACIÓN DE LA EDUCACIÓN FÍSICA 1º Y 2º CURSO DE EDUCACIÓN PRIMARIA

U.D. Nº 7	CURSO: 2º	Alumnos:	12 SESIONES	2º TRIMESTRE	FEBRERO	
OBJETIVOS DE ETAPA	K, B, M, A, C		METODOLOGÍA	DESCUBRIMIENTO GUIADO RESOLUCIÓN DE PROBLEMAS LIBRE EXPLORACIÓN		**SALTOS Y GIROS**
RECURSOS: Instalaciones y material	Aros, vallas, colchonetas, bloques de psicomotricidad, bancos suecos, aros, conos, picas, enganches, combas, balones de gomaespuma, cinta métrica, tizas, cuerdas...			ACTIVIDADES	Juegos y actividades de saltos con materiales diferentes. Saltos sobre obstáculos inmóviles y móviles. Saltos en longitud. Saltos encadenados. Saltos en equipo. Volteretas.	
CONTENIDOS	Aspectos cualitativos del movimiento. Coordinación (dinámica general y óculo-segmentaria) y equilibrio en las distintas ejecuciones (estático y dinámico, con y sin objetos y post movimiento). Identificación de formas y posibilidades de movimiento. Experimentación de diferentes formas de la ejecución de la diversidad de desplazamientos (naturales y construidos), saltos (diferentes tipos y con coordinación de sus fases), giros en diferentes ejes (longitudinal y transversal) y planos (transversal y sagital) y habilidades que impliquen manejo y control de objetos. Diferentes patrones locomotores y diferentes velocidades. Diversidad de condicionantes en su ejecución (apoyos, segmentos, superficies, altura, base de sustentación, trayectorias, inclinaciones, materiales...).					

	ESTÁNDARES DE APRENDIZAJE	P	CC	INSTRUMENTOS DE EVALUACIÓN
EF01.05.01	Hace uso correcto y autónomo de los instrumentos de higiene corporal tras la clase, aunque necesite ser dirigido.	B	SI	Registro
EF02.10.01	Participa de forma activa y con interés en las diferentes propuestas que se plantean.	B	SI	Registro
EF02.10.02	Conoce y respeta las normas de clase que emanan del grupo (clase y centro).	B	CS	Registro
EF02.10.03	Respeta las normas establecidas para las distintas tareas propuestas como fundamentales y necesarias	B	CS	Registro
EF02.10.04	Asiste a clase puntualmente.	B	CS	Registro
EF02.10.05	Acude a clase con el material necesario para el correcto, seguro y saludable desarrollo de lo establecido en el área.	B	CS	Registro
EF02.10.06	Trata de forma correcta a sus compañeros obviando el rechazo y la discriminación por la razón que fuese.	B	CS	Registro
EF02.10.07	Trata de forma correcta al docente obviando el rechazo y la discriminación por la razón que fuese.	B	CS	Registro
EF02.10.08	Hace un uso correcto y seguro de los recursos y espacios disponibles.	I	CS	Registro
EF02.04.06	Aplica diferentes habilidades motrices de forma correcta y adaptada en cuanto a los tiempos de ejecución	B	AA	Prueba Práctica
EF02.08.01	Utiliza las habilidades motrices básicas y sus combinaciones para dar soluciones variadas a los diferentes problemas planteados.	B	CM	Prueba Practica
EF02.08.02	Explora la diversidad de posibilidades motrices a su alcance.	B	CM	Observación/ Seguimiento
EF02.08.03	Realiza un uso lógico y coherente a la vez que creativo de las diferentes habilidades motrices básicas.	I	SI	Observación/ Seguimiento

FICHA DE SEGUIMIENTO DE LA U.D.7

Unidad Didáctica Nº: 7	SALTOS Y GIROS	CURSO	2º

ALUMNADO	ESTÁNDARES	EF01.05.01	EF02.10.01	EF02.10.02	EF02.10.03	EF02.10.04	EF02.10.05	EF02.10.06	EF02.10.07	EF02.10.08	EF02.04.06	EF02.08.01	EF02.08.02	EF02.08.03	
1															
2															
3															
4															
5															
6															
7															
8															
9															
10															
11															
12															
13															
14															
15															
16															
17															
18															
19															
20															

ASEO	1.5.1	A
Interés	2.10.1	I
Respeto (normas clase)	2.10.2	RNC
Respeto (normas juegos)	2.10.3	RNJ
Falta de Asistencia	2.10.4	F
Material (indumentaria)	2.10.5	M
Compañerismo	2.10.6	C
Respeto (docente)	2.10.7	RD
Comportamiento	2.10.8	C

NO CONSEGUIDO	ACEPTABLE	BUENO	MUY BUENO	EXCELENTE
1	2	3	4	5

EVALUACIÓN DE LA EDUCACIÓN FÍSICA 1º Y 2º CURSO DE EDUCACIÓN PRIMARIA

U.D. Nº 8	CURSO: 2º	Alumnos:	12 SESIONES	2º TRIMESTRE	MARZO	LANZAMIENTOS Y RECEPCIONES (COORDINACIONES)
OBJETIVOS DE ETAPA	K, B, M, A, C		METODOLOGÍA	DESCUBRIMIENTO GUIADO RESOLUCIÓN DE PROBLEMAS LIBRE EXPLORACIÓN		
RECURSOS: Instalaciones y material	Pelotas de diferentes tamaños y pesos, balones de voleibol, pañuelos, aros, picas, conos, balones, bancos suecos, petos....			ACTIVIDADES	Juegos de manipulación de objetos, para el desarrollo de la coordinación óculo-manual y óculo-pédica. Juegos de malabares. Práctica de habilidades de lanzamientos y recepciones en situaciones de juego.	
CONTENIDOS	Uso de recursos adecuados para la práctica de actividad física. Movilidad corporal orientada a la salud. Respeto de las normas de uso de materiales y espacios en la práctica de actividad física. Adquisición de hábitos básicos de higiene corporal, de práctica de actividad física, alimentación, tonicidad postural y de acción, calentamiento y utilización de recursos, relacionados con actividad física. Aspectos cualitativos del movimiento. Coordinación (dinámica general y óculo-segmentaria) y equilibrio en las distintas ejecuciones (estático y dinámico, con y sin objetos y post movimiento). Realización de juegos libres y organizados. Juegos simples sensoriales y perceptivos, simbólicos-dramáticos.					

	ESTÁNDARES DE APRENDIZAJE	P	CC	INSTRUMENTOS DE EVALUACIÓN
EF01.05.01	Hace uso correcto y autónomo de los instrumentos de higiene corporal tras la clase, aunque necesite ser dirigido.	B	SI	Registro
EF02.10.01	Participa de forma activa y con interés en las diferentes propuestas que se plantean.	B	SI	Registro
EF02.10.02	Conoce y respeta las normas de clase que emanan del grupo (clase y centro).	B	CS	Registro
EF02.10.03	Respeta las normas establecidas para las distintas tareas propuestas como fundamentales y necesarias para el correcto desarrollo de la clase.	B	CS	Registro
EF02.10.04	Asiste a clase puntualmente.	B	CS	Registro
EF02.10.05	Acude a clase con el material necesario para el correcto, seguro y saludable desarrollo de lo establecido en el área.	B	CS	Registro
EF02.10.06	Trata de forma correcta a sus compañeros obviando el rechazo y la discriminación por la razón que fuese.	B	CS	Registro
EF02.10.07	Trata de forma correcta al docente obviando el rechazo y la discriminación por la razón que fuese.	B	CS	Registro
EF02.10.08	Hace un uso correcto y seguro de los recursos y espacios disponibles.	I	CS	Registro
EF02.04.06	Aplica diferentes habilidades motrices de forma correcta y adaptada en cuanto a los tiempos de ejecución	B	AA	Prueba Práctica
EF02.08.01	Utiliza las habilidades motrices básicas y sus combinaciones para dar soluciones variadas a los diferentes problemas planteados.	B	CM	Prueba Practica
EF02.08.02	Explora la diversidad de posibilidades motrices a su alcance.	B	CM	Observación/ Seguimiento
EF02.08.03	Realiza un uso lógico y coherente a la vez que creativo de las diferentes habilidades motrices básicas.	I	SI	Observación/ Seguimiento

FICHA DE SEGUIMIENTO DE LA U.D.8

Unidad Didáctica Nº: 8	LANZAMIENTOS Y RECEPCIONES (COORDINACIONES)	CURSO	2º

ALUMNADO	ESTÁNDARES	EF01.05.01	EF02.10.01	EF02.10.02	EF02.10.03	EF02.10.04	EF02.10.05	EF02.10.06	EF02.10.07	EF02.10.08	EF02.04.06	EF02.08.01	EF02.08.02	EF02.08.03	
1															
2															
3															
4															
5															
6															
7															
8															
9															
10															
11															
12															
13															
14															
15															
16															
17															
18															
19															
20															

ASEO	1.5.1	A
Interés	2.10.1	I
Respeto (normas clase)	2.10.2	RNC
Respeto (normas juegos)	2.10.3	RNJ
Falta de Asistencia	2.10.4	F
Material (indumentaria)	2.10.5	M
Compañerismo	2.10.6	C
Respeto (docente)	2.10.7	RD
Comportamiento	2.10.8	C

NO CONSEGUIDO	ACEPTABLE	BUENO	MUY BUENO	EXCELENTE
1	2	3	4	5

EVALUACIÓN DE LA EDUCACIÓN FÍSICA 1º Y 2º CURSO DE EDUCACIÓN PRIMARIA

U.D. Nº 9	CURSO: 2º	Alumnos:	9 SESIONES	TERCER TRIMESTRE	ABRIL	JUEGOS POPULARES	
OBJETIVOS DE ETAPA	K, J, B, M, A, C		METODOLOGÍA	DESCUBRIMIENTO GUIADO RESOLUCIÓN DE PROBLEMAS LIBRE EXPLORACIÓN			
RECURSOS: Instalaciones y material	Pabellón, pista. Sogas, peonzas, pañuelos, zancos, chapas, sacos, sogas, petos, chapas, canicas, tizas, cartulinas, tizas...				ACTIVIDADES	Juegos de cooperación. Juegos populares de nuestra región. Juegos de otros países o regiones. Investigación y práctica de juegos de nuestros padres y abuelos.	
CONTENIDOS	Respeto de las normas de uso de materiales y espacios en la práctica de actividad física. Práctica de actividades físicas populares, autóctonas y tradicionales de Castilla – La Mancha. Práctica de actividades físicas populares, autóctonas y tradicionales de distintas culturas, especialmente los de las presentes en el entorno próximo. El juego como actividad común a todas las culturas. Prácticas propias del medio urbano y natural. Descubrimiento y utilización de estrategias de cooperación y oposición. Aceptación y desarrollo de distintos roles en el juego.						
	ESTÁNDARES DE APRENDIZAJE				P	CC	INSTRUMENTOS DE EVALUACIÓN
EF01.05.01	Hace uso correcto y autónomo de los instrumentos de higiene corporal tras la clase, aunque necesite ser dirigido.				B	SI	Registro
EF02.10.01	Participa de forma activa y con interés en las diferentes propuestas que se plantean.				B	SI	Registro
EF02.10.02	Conoce y respeta las normas de clase que emanan del grupo (clase y centro).				B	CS	Registro
EF02.10.03	Respeta las normas establecidas para las distintas tareas propuestas				B	CS	Registro
EF02.10.04	Asiste a clase puntualmente.				B	CS	Registro
EF02.10.05	Acude a clase con el material necesario para el correcto, seguro y saludable desarrollo de lo establecido en el área.				B	CS	Registro
EF02.10.06	Trata de forma correcta a sus compañeros obviando el rechazo y la discriminación por la razón que fuese.				B	CS	Registro
EF02.10.07	Trata de forma correcta al docente obviando el rechazo y la discriminación por la razón que fuese.				B	CS	Registro
EF02.10.08	Hace un uso correcto y seguro de los recursos y espacios disponibles.				I	CS	Registro
EF02.11.01	Conoce parte de la cultura lúdica de Castilla - La Mancha y otros contextos.				I	CC	Prueba Escrita
EF02.11.02	Participa con interés en prácticas motrices populares, autóctonas y/o tradicionales propias de su entorno más cercano así como de otros contextos en diversidad de medios.				B	CC	Observación/ Seguimiento
EF02.11.03	Valora las diferentes propuestas como parte importante de la cultura.				A	CC	Prueba Práctica
EF02.11.04	Participa activamente en propuestas lúdicas de entornos urbanos y naturales.				B	CC	Observación/ Seguimiento

FICHA DE SEGUIMIENTO DE LA U.D.9

Unidad Didáctica Nº: 9	JUEGOS POPULARES	CURSO	2º

ALUMNADO	ESTÁNDARES	EF01.05.01	EF02.10.01	EF02.10.02	EF02.10.03	EF02.10.04	EF02.10.05	EF02.10.06	EF02.10.07	EF02.10.08	EF02.11.01	EF02.11.02	EF02.11.03	EF02.11.04
1														
2														
3														
4														
5														
6														
7														
8														
9														
10														
11														
12														
13														
14														
15														
16														
17														
18														
19														
20														

ASEO	1.5.1	A
Interés	2.10.1	I
Respeto (normas clase)	2.10.2	RNC
Respeto (normas juegos)	2.10.3	RNJ
Falta de Asistencia	2.10.4	F
Material (indumentaria)	2.10.5	M
Compañerismo	2.10.6	C
Respeto (docente)	2.10.7	RD
Comportamiento	2.10.8	C

NO CONSEGUIDO	ACEPTABLE	BUENO	MUY BUENO	EXCELENTE
1	2	3	4	5

EVALUACIÓN DE LA EDUCACIÓN FÍSICA 1º Y 2º CURSO DE EDUCACIÓN PRIMARIA

U.D. Nº 10	CURSO: 2º	Alumnos:	10 SESIONES	TERCER TRIMESTRE	MAYO	DEPORTES ALTERNATIVOS
OBJETIVOS DE ETAPA	K, B, M, A, C			DESCUBRIMIENTO GUIADO RESOLUCIÓN DE PROBLEMAS LIBRE EXPLORACIÓN		
RECURSOS: Instalaciones y material	Pabellón. Sticks de floorball, indiacas, conos, picas, petos, pañuelos, aros, pelotas de tenis, bates de béisbol, palas...			METODOLOGÍA	ACTIVIDADES	Juegos con diferentes materiales alternativos: indiacas, floorball, paracaídas, discos voladores...
CONTENIDOS	Realización de juegos libres y organizados. Juegos simples sensoriales y perceptivos, simbólicos-dramáticos. Reglamentación simple. El juego como actividad común a todas las culturas. Prácticas propias del medio urbano y natural. Descubrimiento y utilización de estrategias de cooperación y oposición. Aceptación y desarrollo de distintos roles en el juego. Reconocimiento y valoración hacia las personas que participan en el juego. Relaciones sociales. Comprensión y cumplimiento de las reglas de juego. Valoración de su funcionalidad. Valoración del juego como medio de disfrute y de relación con los demás. Disposición favorable a participar en actividades diversas aceptando las diferencias en el nivel de habilidad. Desarrollo del pensamiento, imaginación y creatividad.					

	ESTÁNDARES DE APRENDIZAJE	P	CC	INSTRUMENTOS DE EVALUACIÓN
EF01.05.01	Hace uso correcto y autónomo de los instrumentos de higiene corporal tras la clase aunque necesite ser dirigido.	B	SI	Registro
EF02.10.01	Participa de forma activa y con interés en las diferentes propuestas que se plantean.	B	SI	Registro
EF02.10.02	Conoce y respeta las normas de clase que emanan del grupo (clase y centro).	B	CS	Registro
EF02.10.03	Respeta las normas establecidas para las distintas tareas propuestas como fundamentales y necesarias para el correcto desarrollo de la clase.	B	CS	Registro
EF02.10.04	Asiste a clase puntualmente.	B	CS	Registro
EF02.10.05	Acude a clase con el material necesario para el correcto, seguro y saludable desarrollo de lo establecido en el área.	B	CS	Registro
EF02.10.06	Trata de forma correcta a sus compañeros obviando el rechazo y la discriminación por la razón que fuese.	B	CS	Registro
EF02.10.07	Trata de forma correcta al docente obviando el rechazo y la discriminación por la razón que fuese.	B	CS	Registro
EF02.10.08	Hace un uso correcto y seguro de los recursos y espacios disponibles.	I	CS	Registro
EF02.11.04	Participa activamente en propuestas lúdicas de entornos urbanos y naturales.	B	CC	Observación/ Seguimiento

FICHA DE SEGUIMIENTO DE LA U.D.10

Unidad Didáctica Nº: 10	DEPORTES ALTERNATIIVOS	CURSO	2º

ALUMNADO	ESTÁNDARES	EF01.05.01	EF02.10.01	EF02.10.02	EF02.10.03	EF02.10.04	EF02.10.05	EF02.10.06	EF02.10.07	EF02.10.08	EF02.11.04			
1														
2														
3														
4														
5														
6														
7														
8														
9														
10														
11														
12														
13														
14														
15														
16														
17														
18														
19														
20														

ASEO	1.5.1	A
Interés	2.10.1	I
Respeto (normas clase)	2.10.2	RNC
Respeto (normas juegos)	2.10.3	RNJ
Falta de Asistencia	2.10.4	F
Material (indumentaria)	2.10.5	M
Compañerismo	2.10.6	C
Respeto (docente)	2.10.7	RD
Comportamiento	2.10.8	C

NO CONSEGUIDO	ACEPTABLE	BUENO	MUY BUENO	EXCELENTE
1	2	3	4	5

EVALUACIÓN DE LA EDUCACIÓN FÍSICA 1º Y 2º CURSO DE EDUCACIÓN PRIMARIA

U.D. Nº 11	CURSO: 2º	Alumnos:	6 SESIONES	TERCER TRIMESTRE	JUNIO	
OBJETIVOS DE ETAPA	K, J, B, M, A, C		METODOLOGÍA	DESCUBRIMIENTO GUIADO RESOLUCIÓN DE PROBLEMAS LIBRE EXPLORACIÓN		EXPRESIÓN CORPORAL
RECURSOS: Instalaciones y material	Pabellón. Aros, pañuelos, fichas, cartulinas, ordenador portátil, altavoces, cuerdas, petos, bancos suecos, picas, conos, pelotas…			ACTIVIDADES	Creación e interpretación de situaciones cotidianas. Improvisación de personajes en propuestas grupales. Dramatizaciones sencillas en equipo. Realización de bailes de diferente tipo,….	
CONTENIDOS	Movilidad corporal orientada a la salud. Respeto de las normas de uso de materiales y espacios en la práctica de actividad física. Exteriorización de emociones, ideas, sentimientos y necesidades con desinhibición. Interpretación de lo expresado por otros para la comprensión de mensajes corporales sencillos. Participación en situaciones que supongan comunicación corporal. Desinhibición, espontaneidad y creatividad. El juego como actividad común a todas las culturas.					

	ESTÁNDARES DE APRENDIZAJE	P	CC	INSTRUMENTOS DE EVALUACIÓN
EF01.05.01	Hace uso correcto y autónomo de los instrumentos de higiene corporal tras la clase aunque...	B	SI	Registro
EF02.10.01	Participa de forma activa y con interés en las diferentes propuestas que se plantean.	B	SI	Registro
EF02.10.02	Conoce y respeta las normas de clase que emanan del grupo (clase y centro).	B	CS	Registro
EF02.10.03	Respeta las normas establecidas para las distintas tareas	B	CS	Registro
EF02.10.04	Asiste a clase puntualmente.	B	CS	Registro
EF02.10.05	Acude a clase con el material necesario para el correcto, seguro y saludable desarrollo de lo establecido en el área.	B	CS	Registro
EF02.10.06	Trata de forma correcta a sus compañeros obviando el rechazo y la discriminación por la razón que fuese.	B	CS	Registro
EF02.10.07	Trata de forma correcta al docente obviando el rechazo y la discriminación por la razón que fuese.	B	CS	Registro
EF02.10.08	Hace un uso correcto y seguro de los recursos y espacios disponibles.	I	CS	Registro
EF02.04.04	Reproduce ritmos sencillos a partir de diferentes habilidades motrices básicas, utilizando su cuerpo y/u objetos e/o implementos.	B	CC	Observación/ Seguimiento
EF02.04.05	Sincroniza su movimiento corporal con el ritmo musical.	I	CC	Observación/ Seguimiento
EF02.09.01	Participa en juegos dramáticos, mimo, representaciones, imitaciones y bailes, llegando a coreografiar de forma sencilla.	I	CC	Observación/ Seguimiento
EF02.09.02	Hace uso de los elementos del esquema corporal como medio de expresión.	B	CC	Observación/ Seguimiento
EF02.09.03	Es capaz de expresar lo que siente en cada momento, de forma adaptada al contexto y situación en que se encuentra.	I	CL	Observación/ Seguimiento
EF02.09.04	Es espontáneo y creativo.	B	SI	Observación/ Seguimiento

FICHA DE SEGUIMIENTO DE LA U.D.11

Unidad Didáctica Nº: 11	EXPRESIÓN CORPORAL	CURSO	2º

ALUMNADO	ESTÁNDARES	EF01.05.01	EF02.10.01	EF02.10.02	EF02.10.03	EF02.10.04	EF02.10.05	EF02.10.06	EF02.10.07	EF02.10.08	EF02.04.04	EF02.04.05	EF02.09.01	EF02.09.02	EF02.09.03	EF02.09.04
1																
2																
3																
4																
5																
6																
7																
8																
9																
10																
11																
12																
13																
14																
15																
16																
17																
18																
19																
20																

ASEO	1.5.1	A
Interés	2.10.1	I
Respeto (normas clase)	2.10.2	RNC
Respeto (normas juegos)	2.10.3	RNJ
Falta de Asistencia	2.10.4	F
Material (indumentaria)	2.10.5	M
Compañerismo	2.10.6	C
Respeto (docente)	2.10.7	RD
Comportamiento	2.10.8	C

NO CONSEGUIDO	ACEPTABLE	BUENO	MUY BUENO	EXCELENTE
1	2	3	4	5

EVALUACIÓN DE LA EDUCACIÓN FÍSICA 1º Y 2º CURSO DE EDUCACIÓN PRIMARIA

U.D. Nº 12	CURSO: 2º	Alumnos:	TODO EL CURSO		HIGIENE Y SALUD
OBJETIVOS DE ETAPA	K, B, M, A, C, I	METODOLOGÍA	DESCUBRIMIENTO GUIADO RESOLUCIÓN DE PROBLEMAS LIBRE EXPLORACIÓN		
RECURSOS: Instalaciones y material	Pabellón, patio, aula, fichas, toallitas, ropa deportiva, material propio de E.F.,...	ACTIVIDADES	Explicaciones teóricas. Fichas y trabajos de investigación. Actividades y juegos. Simulaciones.		
CONTENIDOS	Adquisición de hábitos básicos de higiene corporal, de práctica de actividad física, alimentación, tonicidad postural y de acción, calentamiento y utilización de recursos, relacionados con la actividad física. Relación de la actividad física con el bienestar. Calidad de vida. Hábitos beneficiosos y nocivos para la salud. Uso de recursos adecuados para la práctica de actividad física. Movilidad corporal orientada a la salud. Disposición favorable a participar en las tareas vinculadas a la higiene y la salud propuestas.				

	ESTÁNDARES DE APRENDIZAJE	P	CC	INSTRUMENTOS DE EVALUACIÓN
EF01.01.01	Reacciona ante sensaciones que la actividad física puede producir en su organismo: calor, fatiga, sed, dolor.	B	AA	Observación/ Seguimiento
EF01.03.01	Consigue, tras la relajación y vuelta a la calma, regresar a un estado que le permita continuar con su actividad diaria.	I	AA	Observación/ Seguimiento
EF01.04.01	Conoce los beneficios que aporta la correcta realización de actividad física sobre la salud.	A	CS	Prueba Oral
EF01.04.02	Respeta los hábitos alimenticios saludables y sabe argumentar su importancia.	A	CS	Hoja Registro Aula
EF01.04.03	Muestra corrección postural a la hora de realizar cargas con materiales y compañeros, así como en el desarrollo de posturas sentados, de pie y en cuadrupedia en el desarrollo de distintas tareas.	A	AA	Observación/ Seguimiento
EF01.04.04	Hace uso adecuado del calentamiento como paso previo a la práctica de actividad física.	B	AA	Observación/ Seguimiento
EF01.04.05	Muestra una mejora global de la resistencia cardiovascular.	B	CM	Observación/ Seguimiento
EF01.05.01	Hace uso correcto y autónomo de los instrumentos de higiene corporal tras la clase, como parte de su rutina.	B	SI	Registro
EF01.05.02	Evita conductas de riesgo en relación con la práctica de actividad física fruto de la toma de conciencia sobre los riesgos que pueden derivarse de la misma.	I	CS	Observación/ Seguimiento
EF01.05.03	Entiende y valora la práctica de actividad física en relación con el estilo de vida saludable.	B	CS	Observación/ Seguimiento
EF02.05.01	Reacciona ante sensaciones que la actividad física puede producir en su organismo: calor, fatiga, sed, dolor.	B	CM	Observación/ Seguimiento
EF02.07.03	Consigue, tras la relajación y vuelta a la calma, regresar a un estado que le permita continuar con su actividad diaria.	I	CM	Observación/ Seguimiento

FICHA DE SEGUIMIENTO DE LA U.D.12

Unidad Didáctica Nº: 12	HIGIENE Y SALUD	CURSO	2ºB

ALUMNADO	ESTÁNDARES	EF01.01.01	EF01.03.01	EF01.04.01	EF01.04.02	EF01.04.03	EF01.04.04	EF01.04.05	EF01.05.01	EF01.05.02	EF01.05.03	EF02.05.01	EF02.07.03		
1															
2															
3															
4															
5															
6															
7															
8															
9															
10															
11															
12															
13															
14															
15															
16															
17															
18															
19															
20															

NO CONSEGUIDO	ACEPTABLE	BUENO	MUY BUENO	EXCELENTE
1	2	3	4	5

Al ser una Unidad Didáctica que se trabaja a lo largo de todo el curso, la nota final de la unidad aparecerá en la tercera evaluación, por lo que no habrá nota parcial en las evaluaciones anteriores. No obstante, a lo largo del curso se pueden ir haciendo anotaciones, observación y evaluación de estos estándares.

7.4. RÚBRICAS

Al igual que con 1º de Primaria, a continuación, se muestran, a modo de ejemplo, algunas de las rúbricas que pueden ser utilizadas por el maestro de Educación Física para evaluar las pruebas prácticas de algunas Unidad es Didácticas desarrolladas en 2º de Primaria.

2º PRIMARIA – RÚBRICA GENERAL

Todos los estándares actitudinales se valoran en cada sesión. Cada negativo en estos estándares se irá restando a la valoración final, de tal manera que con cuatro faltas en la unidad se valorará como insuficiente para ese estándar.

ESTÁNDAR		NIVEL 1 NO ACEPTABLE	NIVEL 2 ACEPTABLE	NIVEL 3 BUENO	NIVEL 4 MUY BUENO	NIVEL 5 EXCELENTE
EF01.05.01	Hace uso correcto y autónomo de los instrumentos de higiene corporal tras la clase, aunque necesite ser dirigido.	TIENE REGISTRADO 4 NEGATIVOS O MAS	TIENE REGISTRADO 3 NEGATIVOS	TIENE REGISTRADO 2 NEGATIVOS	TIENE REGISTRADO 1 NEGATIVO	NO TIENE REGISTRADO NINGÚN NEGATIVO
EF02.10.01	Participa de forma activa y con interés en las diferentes propuestas que se plantean.					
EF02.10.02	Conoce y respeta las normas de clase que emanan del grupo (clase y centro).					
EF02.10.03	Respeta las normas establecidas para las distintas tareas propuestas como fundamentales y necesarias para el correcto desarrollo de la clase.					
EF02.10.04	Asiste a clase puntualmente.					
EF02.10.05	Acude a clase con el material necesario para el correcto, seguro y saludable desarrollo de lo establecido en el área.					
EF02.10.06	Trata de forma correcta a sus compañeros obviando el rechazo y la discriminación por la razón que fuese.					
EF02.10.07	Trata de forma correcta al docente obviando el rechazo y la discriminación por la razón que fuese.					
EF02.10.08	Hace un uso correcto y seguro de los recursos y espacios disponibles.					

2º PRIMARIA – RÚBRICA
ESQUEMA CORPORAL – PRUEBA PRÁCTICA

La Prueba Práctica consistirá en la superación de una serie de pruebas donde el alumno debe nombrar y señalar las diferentes partes de su cuerpo, así como su movilización.

También se pasará una prueba para el conocimiento y diferenciación de la izquierda y derecha propia, y en lados opuestos.

	ESTÁNDAR	NIVEL 1 NO ACEPTABLE	NIVEL 2 ACEPTABLE	NIVEL 3 BUENO	NIVEL 4 MUY BUENO	NIVEL 5 EXCELENTE
EF02.01.01	Localiza y verbaliza diferentes partes de su propio cuerpo y del cuerpo de otros.	Nombra y señala 0 partes.	Nombra y señala 1 parte que se le indican.	Nombra y señala 2 partes que se le indican.	Nombra y señala 3 partes que se le indican.	Nombra y señala todas las partes que se le indican.
EF02.01.02	Descubre las distintas posibilidades motrices que le ofrecen sus partes corporales.	No mueve lo que se le pide.	Realiza 1 prueba bien.	Realiza 2 pruebas bien.	Realiza 3 pruebas bien.	Realiza todas las pruebas bien.
EF02.01.03	Moviliza las distintas partes corporales respondiendo a las exigencias de diferentes tareas propuestas.	No mueve lo que se le pide.	Realiza 1 prueba bien.	Realiza 2 pruebas bien.	Realiza 3 pruebas bien.	Realiza todas las pruebas bien.
EF02.02.01	Se inicia en la diferenciación entre derecha e izquierda.	Realiza todas las pruebas mal	Realiza 1 prueba bien.	Realiza 2 pruebas bien.	Realiza 3 pruebas bien.	Realiza todas las pruebas bien.
EF02.02.02	Toma conciencia de la situación de la derecha y la izquierda en lados opuestos.	Realiza todas las pruebas mal	Realiza 1 prueba bien.	Realiza 2 pruebas bien.	Realiza 3 pruebas bien.	Realiza todas las pruebas.

2º PRIMARIA – RÚBRICA
PERCEPCIÓN ESPACIAL – PRUEBA PRÁCTICA

La Prueba Práctica consistirá en la ubicación del alumno en el espacio respecto a sí mismo, a sus compañeros y algunos objetos: izquierda, derecha, delante, detrás, dentro, fuera.

ESTÁNDAR	NIVEL 1 NO ACEPTABLE	NIVEL 2 ACEPTABLE	NIVEL 3 BUENO	NIVEL 4 MUY BUENO	NIVEL 5 EXCELENTE
EF02.03.03 Distingue, sitúa y distribuye objetos y personas en el espacio.	No se orienta respecto a sí mismo, ni con objetos.	Se orienta bien 2 veces respecto a sí mismo, compañeros y con objetos.	Se orienta bien 3 veces respecto a sí mismo, compañeros y con objetos.	Se orienta bien 4 veces respecto a sí mismo, compañeros y con objetos.	Se orienta bien siempre respecto a sí mismo, compañeros y con objetos.

2º PRIMARIA – RÚBRICA
PERCEPCIÓN TEMPORAL – PRUEBA PRÁCTICA

La 1ª Prueba Práctica consistirá en recorrer el espacio que se solicita orientándose bien con respecto a lo que se indica: desplazarse hasta un cono, carrera de relevos, circuito...

La 2ª prueba consistirá en la respuesta motriz del alumno ante diferentes estímulos visuales y auditivos.

ESTÁNDAR		NIVEL 1 NO ACEPTABLE	NIVEL 2 ACEPTABLE	NIVEL 3 BUENO	NIVEL 4 MUY BUENO	NIVEL 5 EXCELENTE
EF02.04.05	Sincroniza su movimiento corporal con el ritmo musical.	No se adapta al ritmo dado	Sigue el ritmo dado de forma aceptable.	Se adapta bien al ritmo dado.	Se adapta muy bien al ritmo dado.	Se adapta al ritmo dado de forma excelente.
EF02.05.04	Da respuestas motrices ante estímulos sensoriales visuales, auditivos, táctiles y kinestésicos que pueden suponer condicionamiento de la acción motriz.	Realiza todas las pruebas mal	Realiza 1 prueba bien.	Realiza 2 pruebas bien.	Realiza 3 pruebas bien.	Realiza todas las pruebas bien.

2º PRIMARIA – RÚBRICA
EQUILIBRIO – PRUEBA PRÁCTICA

La Prueba Práctica consistirá en la superación de un circuito de equilibrio adaptado al nivel del alumnado: Desplazamiento sobre banco sueco, banco sueco invertido, superación de obstáculos, desplazamiento sobre ladrillos, sobre superficies móviles…

El nivel conseguido se basará en la rapidez y la cantidad de apoyos en el suelo que se realice en dicho circuito.

ESTÁNDAR		NIVEL 1 NO ACEPTABLE	NIVEL 2 ACEPTABLE	NIVEL 3 BUENO	NIVEL 4 MUY BUENO	NIVEL 5 EXCELENTE
EF02.05.03	Responde de forma adaptada ante las exigencias de diversidad de situaciones, mostrando control de la actitud tónica para equilibrarse.	Lento y con apoyos constantes en el suelo	Velocidad lenta y realiza 3 apoyos en el suelo	Velocidad media realiza 2 apoyos	Velocidad media y realiza un apoyo	Velocidad normal y sin ningún apoyo

2º PRIMARIA – RÚBRICA
DESPLAZAMIENTOS – PRUEBA PRÁCTICA

ESTÁNDAR		NIVEL 1 NO ACEPTABLE	NIVEL 2 ACEPTABLE	NIVEL 3 BUENO	NIVEL 4 MUY BUENO	NIVEL 5 EXCELENTE
EF02.04.06	Aplica diferentes habilidades motrices de forma correcta y adaptada en cuanto a los tiempos de ejecución necesarios para obtener el resultado deseado.	REALIZA MAL CASI TODAS LAS PARTES DEL CIRCUITO, Y A VELOCIDAD POCO ADECUADA	REALIZA POCAS PARTES DEL CIRCUITO DE FORMA CORRECTA Y DE MANERA LENTA	REALIZA VARIAS PARTES DEL CIRCUITO DE FORMA CORRECTA, A VELOCIDAD NORMAL	REALIZA CASI TODO EL CIRCUITO DE FORMA CORRECTA Y CON BUENA VELOCIDAD	REALIZA TODO EL CIRCUITO DE FORMA CORRECTA Y CON RAPIDEZ
EF02.08.01	Utiliza las habilidades motrices básicas y sus combinaciones para dar soluciones variadas a los diferentes problemas planteados.					

La Prueba Práctica consistirá en la superación de un circuito de DESPLAZAMIENTOS adaptado al nivel del alumnado: saltos, desplazamientos de frente, espaldas, zig-zag, reptaciones, trepas, cuadrupedia...

8. EVALUACIÓN DEL PROCESO DE ENSEÑANZA-APRENDIZAJE

La evaluación debe afectar a todos los elementos del proceso de enseñanza y aprendizaje susceptibles de ser evaluados. El **Real Decreto 126/2014 en su artículo 12** establece que *"Los maestros evaluarán tanto los aprendizajes del alumnado como los procesos de enseñanza y su propia práctica docente, para lo que establecerán indicadores de logro en las programaciones didácticas. Entre los indicadores, se dará especial relevancia al análisis y reflexión sobre los resultados escolares del alumnado".*

La Orden 05/08/2014 establece en su artículo 18 la evaluación de los procesos de enseñanza y de la práctica docente,

- En la evaluación del proceso de enseñanza-aprendizaje se evaluará:
    - La **propia unidad didáctica**: la adecuación de las competencias, objetivos, contenidos, criterios de evaluación y estándares de aprendizaje; las estrategias y estilos de enseñanza; los materiales elegidos; las actividades; la organización de los espacios y tiempos; la previsión de medidas a la diversidad; los instrumentos de evaluación...
    - La idoneidad y coordinación con otras actividades interdisciplinares, proyectos...
    - La implicación y coordinación con **otros sectores** (familias, docentes...).
- Por otro lado, el maestro debe evaluar su propia docencia:
    - La manifestación de habilidades interpersonales: su sensibilidad, su autoridad, su ecuanimidad (trato justo y equilibrado), su autoestima...
    - La manifestación de habilidades técnico-profesionales: su capacidad de organización, sus técnicas docentes, su formación permanente, su planificación...
    - La manifestación de habilidades comunicativas.
- Del mismo modo, **el alumno/a**, como parte activa dentro del proceso de enseñanza y aprendizaje, debe reflexionar sobre los conocimientos adquiridos y su actitud en clase, por lo que el

maestro tendrá muy en cuenta y estará especialmente abierto al diálogo con el alumnado.

Para llevar a cabo la evaluación del proceso de enseñanza podemos utilizar las siguientes fichas evaluativas:

- ✓ **Autoevaluación de la práctica docente:** Se debe rellenar por parte del maestro al terminar cada Unidad Didáctica.
- ✓ **Autoevaluación de la U.D.:** También es rellenada por el maestro al terminar cada U.D.
- ✓ **Autoevaluación del alumn@:** Esta ficha es rellenada por el alumnado, una al final de cada trimestre.
- ✓ **Evaluación del docente y del proceso de enseñanza aprendizaje:** Al igual que la anterior, esta ficha es rellenada por los alumnos y alumnas al finalizar el trimestre.

A continuación, podemos ver estas cuatro fichas evaluativas que nos servirán de ayuda para mejorar la calidad de la evaluación, así como de la educación de nuestro alumnado.

AUTOEVALUACIÓN DE LA UNIDAD DIDÁCTICA

U.D.:_____ NIVEL: _____	NIVELES DE LOGRO					OBSERVACIONES Y ASPECTOS DE MEJORA
ASPECTO A EVALUAR	1	2	3	4	5	
La progresión de las sesiones ha sido adecuada.						
Los objetivos estaban adaptados a los alumnos/as.						
Los contenidos estaban adaptados al nivel de los alumnos/as.						
Se han conseguido los objetivos planteados.						
He conseguido que los alumnos/as se motiven y mantengan el interés.						
Se me ha entendido cuando he explicado las cosas.						
He resuelto todos los problemas que se me han planteado.						
Los materiales utilizados han sido los adecuados.						
La organización de los alumnos/as ha sido adecuada.						
Las instalaciones utilizadas han sido las adecuadas.						
Se han evaluado todos los estándares de aprendizaje de la UD.						
Los instrumentos de evaluación han sido los adecuados.						
El número de sesiones ha sido conveniente.						

EVALUACIÓN DEL DOCENTE Y DEL PROCESO DE ENSEÑANZA-APRENDIZAJE

¿QUÉ OPINAS DE TU MAESTRO DE E.F. Y DE LAS UNIDADES DIDÁCTICAS TRABAJAS EN ESTE TRIMESTRE?

Marca con una cruz la casilla del semáforo que creas más adecuada para cada una de las distintas cuestiones. No firmes la hoja si no quieres, pero intenta ser lo más sincero/a posible.

ROJO – NEGATIVA
AMARILLO – NORMAL
VERDE – POSITIVA

NOMBRE DEL MAESTRO: _____ FECHA: _____

	ROJO	AMARILLLO	VERDE
IMPARTE SUS CLASE CON REGULARIDAD			
EL PROFESOR COMIENZA Y TERMINA SUS CLASES CON PUNTUALIDAD			
EXPLICA CON CLARIDAD			
CONSIGUE MANTENER LA ATENCIÓN DE LOS ALUMNO/AS EN SUS CLASES			
RESPONDE A LAS PREGUNTAS DE LOS ALUMNOS/AS CON CLARIDAD			
MUESTRA INTERÉS POR LA E.F.			
CONSIGUE QUE SUS ALUMNOS/AS SE INTERESEN POR LA E.F.			
EL ALUMNO/A PUEDE LIBREMENTE PREGUNTAR EN CLASE			
LAS UNIDADES DIDÁCTICAS TRABAJADAS HAN SIDO ADECUADAS			
EL NÚMERO DE SESIONES POR UNIDAD TE HA PARECIDO SUFICIENTE			
HAS APRENDIDO CON EL DESARROLLO DE LOS CONTENIDOS DE CADA UNIDAD			
LOS CONTENIDOS ESTABAN ADAPTADOS A VUESTRA EDAD			
CONSIDERAS QUE TU MAESTRO DE E.F. ES UN BUEN MAESTRO			

ANOTA AQUÍ LAS **OBSERVACIONES** O SUGERENCIAS QUE CONSIDERES:

AUTOEVALUACIÓN DEL ALUMN@

NOMBRE: _____ CURSO: _____

¿Quién es la persona que mejor te conoce? ¿Quién es la persona que mejor te puede evaluar? Esa persona eres TÚ. El objetivo de este formulario es que te evalúes a ti mismo y seas consciente de tus comportamientos, así como de tus posibilidades y limitaciones.

Complétalo lo mejor posible y recuerda que debes ser los más sincero posible. Debes hacer una X donde consideres adecuado, para ello ten en cuenta los siguientes indicadores:

POCO/NADA	LO JUSTO	BASTANTE	CASI SIEMPRE	SIEMPRE
1	2	3	4	5

ASPECTO A EVALUAR	INDICADORES DE LOGRO					OBSERVACIONES Y ASPECTOS DE MEJORA
	1	2	3	4	5	
Me esfuerzo en las clases de E.F.						
Participo activamente en clase						
Me concentro y presto atención						
Obedezco las indicaciones del maestro						
Respeto al maestro de E.F.						
Respeto y cumplo las normas						
Respeto a todos mis compañer@s						
Traigo chándal o ropa deportiva						
Traigo zapatillas						
Traigo y utilizo las toallitas al terminar la clase de E.F.						
Pregunto las dudas al maestro						
He mejorado mis habilidades en los juegos y deportes practicados						
Mi comportamiento en clase es el adecuado						

AUTOEVALUACIÓN DE LA PRÁCTICA DOCENTE

ESPECIALIDAD: EDUCACIÓN FÍSICA	NIVELES DE LOGRO					OBSERVACIONES Y ASPECTOS DE MEJORA
ASPECTO A EVALUAR	1	2	3	4	5	
Preparo diariamente la tarea docente						
Mi programación es funcional						
Tengo en cuenta los intereses, necesidades y capacidades de los alumnos/as						
Valoro las propuestas de compañeros, familias y alumnado						
Procuro mantener en el alumnado la motivación por el aprendizaje						
Mantengo coordinaciones didácticas con otros compañeros						
Informo adecuadamente a las familias						
Comparto experiencias con mis compañeros						
Utilizo diferentes tipos de recursos						
Reflexiono sobre mi tarea y me propongo mejoras						
Utilizo instrumentos de evaluación diversos						
Estoy dispuesto a introducir cambios en mi práctica docente y a continuar formándome						
Solicito ayuda cuando es necesario						
Disfruto y me siento satisfecho/a con mi trabajo						

BIBLIOGRAFÍA

- Blázquez, D. (1992). *Evaluar en E.F.* Barcelona: INDE.
- Blázquez, D. (2010). *Enseñar por competencias en E.F.* Barcelona: INDE.
- Contreras Jordan, O.R. (1998). *Didáctica de la E.F. Un enfoque constructivista.* Barcelona: INDE.
- Ferrer, F. y Montañana, R. (2015). *Guía Básica de Formación "Primeros pasos para la integración curricular de las competencias clave en los centros educativos".* Albacete
- Ferrer, F. y Montañana, R. (2016). *Manual básico de evaluación 2016-17.* Albacete.
- Junta de Comunidades de Castilla-La Mancha (2014). *Decreto 54/2014, por el que se establece el currículo de la Educación Primaria en la Comunidad Autónoma de Castilla-La Mancha.* Toledo
- Junta de Comunidades de Castilla-La Mancha (2014). *Orden 5/08/2014, por la que se regulan la organización y la evaluación en la Educación Primaria en la comunidad autónoma de Castilla-La Mancha.* Toledo.
- Junta de Comunidades de Castilla-La Mancha (2015). *Resolución 11/03/2015 por la que se concreta la categorización, la ponderación y la asociación con las competencias clave, por áreas de conocimiento y cursos, de los estándares de aprendizaje evaluables, publicados en el Decreto 54/2014.* Toledo.
- Ministerio de Educación y Ciencia (2006). *Ley Orgánica 2/2006, de 3 de mayo, de Educación (LOE).* Madrid
- Ministerio de Educación y Ciencia (2013). *Ley Orgánica 8/2013, de 9 de diciembre para la mejora de la calidad educativa (LOMCE).* Madrid.
- Ministerio de Educación y Ciencia (2014). *Real Decreto 126/2014, por el que se establece el currículo básico de la Educación Primaria.* Madrid.
- Ministerio de Educación y Ciencia (2015). *Orden ECD/65/2015, de 21 de enero, por la que se describen las relaciones entre las competencias, los contenidos y los criterios de evaluación de la educación primaria, la educación secundaria obligatoria y el bachillerato.* Madrid.
- Portal de Educación de la Junta de Comunidades de Castilla-La Mancha. www.educa.jccm.es

- Portal de Educación de la Junta de Comunidades de Castilla-La Mancha. Recursos de evaluación. http://www.evalua.eu
- Ruiz Nebrera, J.J. (2008). *La evaluación de la E.F. en la educación primaria: mecanismos e instrumentos.* Efdeportes Revista Digital. Recuperado de http://www.efdeportes.com/efd121/la-evaluacion-de-la-educacion-fisica-en-la-educacion-primaria.htm
- Sales Blasco, J. (1997). *La evaluación de la E.F. en Primaria.* Barcelona: INDE.

www.ingramcontent.com/pod-product-compliance
Lightning Source LLC
Chambersburg PA
CBHW081234090426
42738CB00016B/3303